Susanne Jagusch | Rudolf Jagusch

111 Orte im Vogtland, die man gesehen haben muss

111

emons:

Bibliografische Information der Deutschen Nationalbibliothek
Die Deutsche Nationalbibliothek verzeichnet diese Publikation in der Deutschen Nationalbibliografie; detaillierte bibliografische Daten sind im Internet über http://dnb.d-nb.de abrufbar.

MIX
Papier | Fördert gute Waldnutzung
FSC® C083411

Covergestaltung: Karolin Meinert
Lektorat: Katharina Theml
Gestaltung: Eva Kraskes, nach einem
Konzept von Lübbeke | Naumann | Thoben
Kartografie: velovia, www.velovia.bike, Christiane Weidle & Kristof Halasz

Druck und Bindung: CPI – Clausen & Bosse, Leck
Printed in Germany 2024
ISBN 978-3-7408-1841-8

Vorwort

Das Vogtland, gelegen im Herzen Europas, ist eine Region von bemerkenswerter Schönheit und kultureller Vielfalt. Sanfte Hügel und Täler erstrecken sich, so weit das Auge reicht, bedeckt von grünen Wiesen im Sommer und glitzerndem Schnee im Winter.

Die Städte und Dörfer sind geprägt von jahrhundertealten Traditionen, die in den historischen Gebäuden und Museen lebendig werden. Zum Kulturgut zählt auch die traditionelle vogtlandische Küche. Eine deftige Graupensuppe und ein deliziöser Sauerbraten gehören ebenso dazu wie auch der Mohnkuchen als süße Verführung.

Einen besonderen Stellenwert nimmt die Musik ein. Die Region ist die Heimat des weltberühmten Instrumentenbaus, insbesondere von Geigen und Blasinstrumenten. Ein Besuch in einem der vielen Handwerksbetriebe, in denen diese Instrumente gefertigt werden, ist ein beeindruckendes Erlebnis.

Doch was wäre das alles ohne die Vogtländerinnen und Vogtländer. Ihre Gastfreundschaft und Herzlichkeit haben wir auf unseren Erkundungstouren in Sachsen, Thüringen, Bayern und Böhmen erleben dürfen.

Auf den folgenden Seiten stellen wir Ihnen 111 Orte im Vogtland vor. Wobei wir eingestehen, hier und dort auch ein wenig über den »Tellerrand« geschaut zu haben. Trotz aller Bemühungen um Ausgewogenheit bleibt die Auswahl subjektiv. Nichtsdestoweniger sind wir sicher, Ihnen ein Kompendium an die Hand zu geben, das anregt, im Vogtland auf Entdeckungstour zu gehen.

Wir wünschen Ihnen dabei viel Vergnügen.

Susanne und Rudolf Jagusch

111 Orte

1 Die Jahrhundertquelle

Gute Medizin schmeckt … metallisch

Dass Wasser gesund ist, steht außer Frage. Vorausgesetzt, es ist sauber. Dabei ist Wasser nicht gleich Wasser. So ist das Heilwasser eins, das aufgrund einer besonderen mineralischen Zusammensetzung oder anderer physikalischer Eigenschaften als heilkräftig angesehen wird. In der Regel enthält es eine höhere Konzentration an Mineralstoffen und Spurenelementen als normales Trinkwasser. Das Heilwasser wird oft in natürlichen Quellen oder unterirdischen Vorkommen gefunden.

Sobald die heilsame Wirkung verbrieft wurde, werden die Quellen nicht selten mit wahren Gesundheitstempeln umbaut, in denen das Wasser bei Trinkkuren verköstigt wird. Kurkliniken und Hotels siedeln sich an, und oftmals wird der Ortsname dann mit einem vorangestellten »Bad« ausgezeichnet. Beispiele dafür sind Bad Elster und Bad Brambach, in denen man vorzüglich mit einem Glas Heilwasser in der Hand »lustwandeln« kann.

Aber es »geht« auch anders. Deutlich unauffälliger, trotzdem inklusive der Superkraft des Heilwassers. Und dabei trennen modest und provinziell manchmal nur wenige Kilometer.

Um das tschechische Doubrava (Grün) von Bad Elster aus zu besuchen, muss nicht einmal ein Auto bemüht werden. Lediglich rund eine Stunde dauert die Wanderung ins benachbarte Dorf. Sobald die Ortsmitte erreicht ist, bedarf es keiner Wünschelrute, um das Heilwasser zu finden. Die Quelle ist in einem gemauerten, kreisförmigen Brunnen eingefasst und durch einen Pavillon – einem Häuschen einer Bushaltestelle nicht unähnlich – geschützt. Sie wurde im April 2009 von einem orthodoxen Erzbischof eingesegnet und dabei auf den Namen »Quelle des Jahrhunderts« getauft.

Wer sich nun aber erhofft, das hier sprudelnde Heilwasser würde besser munden als das, was in Bad Elster aus den Hähnen fließt, der wird enttäuscht werden. Hier wie dort bedarf es je nach Feinsinn des Gaumens Überwindung, ein Glas zu leeren.

Adresse Aš 28, 352 01 Aš (Asch), Tschechien | **Anfahrt** A 72, Ausfahrt Plauen-Süd, B 92 in Richtung Oelsnitz, Straßenverlauf folgen bis rechts Elsterstraße, Straßenverlauf durch Bad Elster folgen bis halb rechts Ascher Straße, weiter bis Doubrava, Parken direkt an der Quelle in der Ortsmitte | **Tipp** Das Restaurant »Magdalena« direkt neben der Quelle bietet für faire Preise schmackhafte Gerichte an. Ein Biergarten lädt bei angenehmen Temperaturen zum Verweilen im Außenbereich ein.

2 Die DDR-Wohnung

Ein »Pfeffi« gefällig?

Unter Nostalgie versteht man im Allgemeinen eine wehmütige Hinwendung zu vergangenen Epochen. Die Erinnerungen sind dabei nicht selten idealisiert und verklärt.

Ob es den Besucherinnen und Besuchern des Stadtmuseums in Auerbach ebenso ergeht oder ob sich angesichts der Exponate in der DDR-Ausstellung bei ihnen eher bedrückende Gedanken einstellen, spielt am Ende keine Rolle. Schließlich sind – frei nach Hoffmann von Fallersleben interpretiert – die Gedanken frei, und jeder soll denken, was ihn beglückt.

Damit sich aber überhaupt eine derartige Diversität an Gemütsverfassungen einstellen kann, bedarf es Authentizität. Und dieses Qualitätssiegel kann sich die besagte Ausstellung uneingeschränkt auf die schwarz-rot-goldene Hammer-und-Sichel-Fahne schreiben.

Unter dem Leitsatz »Leben in der DDR« werden die 80er Jahre des letzten Jahrhunderts wieder lebendig. Eine komplette Neubauwohnung wurde mit Gegenständen aus der damaligen Zeit originalgetreu eingerichtet. So wird das Wohnzimmer von der Schrankwand Marke »Carat« dominiert. Das rote Telefon ist ein Beleg dafür, dass in dieser Wohnung eine privilegierte Familie ihr Zuhause hatte. Denn selbst kurz vor der Wende besaßen gerade einmal elf Prozent der DDR-Bürgerinnen und -Bürger einen Fernsprecher.

Alle Schränke sind gefüllt mit DDR-typischem Geschirr, Nippes und Dekorationen. Selbstverständlich fehlen dabei auch die Kultfiguren Pittiplatsch, Schnatterinchen und das Sandmännchen nicht. In der Küche finden sich das damals obligatorische Plastikobst und die Eierbecher in Huhnform. Eine Kontrolle des Vorratsschrankes verrät, dass Kirschen in Konservengläsern, Bier und Schnaps nicht auf die Einkaufsliste müssen. Und im Badezimmer kontrastiert das dramatische Blau der Sanitäreinrichtungen mit einem äußerst extravaganten Wandmuster. Respekt für diejenigen, die das ohne aufkeimende Magenverstimmung betrachten können.

Adresse Museum Auerbach, Schlossstraße 1, 08209 Auerbach | **Anfahrt** A 72, Ausfahrt Reichenbach, B 94 in Richtung Lengenfeld, Straßenverlauf bis Rodewisch folgen, rechts B 169, weiter bis Auerbach, links auf Breitscheidstraße, Straßenverlauf folgen bis links auf Schlossstraße | **Öffnungszeiten** Di – Fr 12 – 16 Uhr, Sa, So und Feiertage 13 – 17 Uhr | **Tipp** Der auf dem Auerbacher Flugplatz beheimatete Fliegerklub Auerbach e. V. bietet Rundflüge über das Vogtland an. Näheres dazu findet sich auf www.fliegerklub-auerbach.de.

3 Der Vogtlandsee

Ichthyophobie? Hier kein Problem!

Nicht nur für Menschen, die eine irrationale Angst vor Fischen haben, ist der rund 6,5 Hektar große Vogtlandsee als Badeort zu empfehlen. Durch den Zufluss von Wasser aus dem umliegenden Hochmoor ist das Wasser zu sauer (ph-Wert 4,5 bis 5), als dass darin Fische leben könnten.

Wer nun aber ein brackiges, totes Gewässer vor Augen hat, der täuscht sich gewaltig. Hier auf 672 Metern über dem Meeresspiegel kreucht und fleucht ein Konglomerat an Getier. Libellen huschen über das Wasser, Erpel buhlen lautstark quakend um die bevorzugten Entendamen, und Spechte tackern sich unablässig durch Baumrinden. Bei einem Spaziergang auf dem Rundweg, der mitunter sehr naturbelassen und für Kinderwagen definitiv nicht geeignet ist, springen Frösche in Sicherheit oder huschen Waldeidechsen davon. Mit ein wenig Glück erspähen Paparazzi eine Kreuzotter, die sich an einem sonnigen Plätzchen wärmt. Abstand ist jedoch angeraten, denn der Biss dieser Giftschlange kann – wenn auch sehr selten – tödlich enden.

Zu verdanken ist diese Flora- und Faunaidylle der Einstellung eines Projektes, das im letzten Jahrhundert seinen Anfang nahm. In den Jahren von 1935 bis 1937 wurde der Stausee zum Hochwasserschutz angelegt. Damit einhergehend sollte die Wasserkraft zur Stromerzeugung genutzt werden. Dazu kam es jedoch nie. Nach dem Zweiten Weltkrieg verfiel das Gewässer zum Wohlgefallen der Natur in einen Dornröschenschlaf. Viele Jahrzehnte später kam der Prinz in Form des Reisemagazins »Merian« daher und »weckte« den bis dahin weitestgehend unbekannten Vogtlandsee. Im Ranking der »Wilden Badestellen zum Alleinsein« wurde er von der Redaktion mit Platz 1 geadelt.

Auch wenn damit der See vom Geheimtipp zur Berühmtheit unter den Badeseen avancierte, muss sich niemand sorgen, dass mittlerweile Reisebusse Horden von Menschen an den Ufern ausspucken. Dafür ist der See einfach zu abgelegen.

Adresse 08209 Auerbach-Beerheide | Anfahrt A 72, Ausfahrt Reichenbach, B 94 in Richtung Lengenfeld folgen bis in Rodewisch rechts auf B 169, weiter bis Auerbach, dort links auf Breitscheidstraße, Straßenverlauf folgen bis links auf Schallerbachstraße, dann bis rechts Wendtweg, weiter bis rechts Rautenkranzer Straße, Parken auf Wanderparkplatz »Waldpark Grünheide« | Tipp Im sieben Kilometer entfernten Schönheide informiert der Förderverein »Historische Westsächsische Eisenbahnen e. V.« über die Geschichte der Schmalspurbahnen. An Fahrtagen verkehrt der »Wernesgrüner Schienen-Express«. Fahrplan: www.schienen-express.de

4 Die Flussperlmuschel

Margaritifera ist keine Pizza

Vermutlich wird niemand bei der Frage, was charakteristisch für das Vogtland ist, zuerst Perlen nennen. Und niemand käme vor Ort auf die Idee, mit einem Messer in der Hand ins Wasser zu steigen, um nach Muscheln zu tauchen. Also wirklich! Perlen im Vogtland. Absurd! Thema damit erledigt? Mitnichten! Wenig bekannt ist nämlich, dass einst Flussperlmuscheln der Gattung *Margaritifera* riesige Muschelbänke in den Fließgewässern des Vogtlandes ausbildeten. Sobald der archaische Perlenjäger barfuß durch einen Bachlauf watete, war er akut von Schnittverletzungen bedroht. Dafür konnte er ungefährdet das Wasser trinken, denn die Süßwassermuschel kann nur im reinen Nass gedeihen.

Die Perlenfischerei ist zwar schon lange Geschichte, trotzdem ist die Flussperlmuschel vom Aussterben bedroht. Gründe dafür sind unter anderem die Belastung der Gewässer durch Überdüngung, das Versanden der Bäche und die Verdrängung der Bachforelle, die als Wirtstier dient. Seit einiger Zeit bemühen sich nun Naturschützer darum, den Erhalt dieser gefährdeten Art zu sichern. Schützenhilfe gewährt dabei ein Bundesprojekt, welches das Ziel verfolgt, die Gewässer so zu renaturieren, dass sie für Muschelbestände wieder geeignet sind. Außerdem ist die Zucht evident für den Erfolg der Arterhaltung. Dabei werden Bachforellen in einer Fischzuchtanlage mit Larven der Muscheln beimpft. Die Wirtstiere stoßen später die Jungmuscheln ab. Im Anschluss daran müssen die Kleinen noch einige Jahre in Käfigen leben, bevor sie groß genug zum Auswildern sind.

Wer mehr dazu erfahren möchte, dem sei der Erlebnispfad »Flussperlmuschel« ans Herz gelegt. Dieser beginnt an der Zuchtstation in Raun und führt über zwei Kilometer bis zum Bahnhof in Sohl. Während der Wanderung informieren Schilder über die Biologie und den Lebensraum. Und sollte bei der Tour eine Muschel entdeckt werden, gilt: Anschauen erlaubt, anfassen nicht!

Adresse Raunergrund 14, 08648 Bad Brambach | Anfahrt A 72, Ausfahrt Plauen-Süd, B 92 in Richtung Oelsnitz, Bundesstraße lange folgen bis kurz vor Raun rechts Rauner Grenzweg, Parken an der Zuchtstation | Tipp Beim Naturschutzfonds der Stiftung »Sächsische Landesstiftung Natur und Umwelt« kann man das Brettspiel »Die Flussperlmuschel« zum Preis von 15 Euro zuzüglich Versandkosten (2023) erwerben. Die Aufgabe des Spiels besteht darin, den Entwicklungsprozess der Muscheln zu unterstützen, und es führt zugleich in das geheimnisvolle, stille und vielfältige Leben im und am Bach ein.

5 Die Wettinquelle

Sie strahlt von innen her

Radonanwendungen haben in Sachsen über hundert Jahre Tradition. Doch was steckt hinter dem Element, und was kann damit geheilt oder zumindest gelindert werden? Radon ist ein farb- und geruchloses radioaktives Gas, das aus dem natürlichen Zerfall von Uran im Boden und Gestein entsteht. Es tritt in unterschiedlichen Konzentrationen in der Erdatmosphäre auf. Neben der Forschung wird Radon auch in Heilbehandlungen verwendet. Die sogenannte »Radontherapie« ist eine alternative medizinische Behandlung, bei der das Gas in kleinen Mengen in mineralhaltigem Wasser oder Luft Verwendung findet. Die Idee dahinter ist, dass die geringe Strahlenexposition und die inhalierten Radonzerfallsprodukte eine schmerzlindernde und zugleich stimulierende Wirkung auf den Körper haben könnten. Eingesetzt wird diese Therapie insbesondere bei rheumatischen Beschwerden, Atemwegs- und Hauterkrankungen.

Obwohl es umstritten ist, ob der Nutzen der Behandlung das Strahlenrisiko überwiegt, sollte das nun aber niemanden davon abhalten, nach Bad Brambach zu fahren. Der Ort ist seit 1949 als Kurort und Heilbad anerkannt, und somit kann das medizinische Personal im sächsischen Staatsbad auf eine jahrzehntelange Erfahrung zurückgreifen. Aber selbst ohne gesundheitliche Beschwernisse lohnt sich ein Ausflug in die südlichste Stadt Sachsens. Der weitläufige, fast 20 Quadratmeter große Kurpark lädt zum Spaziergang ein, die Eisenquelle wird von einem Gebäude behütet, welches aus dem Marmor der ehemaligen Reichskanzlei errichtet wurde, und zahlreiche kulturelle Veranstaltungen finden in der Festhalle statt.

Trotzdem ist und bleibt das Aushängeschild des Ortes die Wettinquelle. Mit 23.000 Becquerel pro Liter besitzt sie den höchsten Radongehalt weltweit. Im Quellhaus darf jeder Besucher ein Gläschen probieren. Und keine Sorge: Hinterher ist niemand von einer grün fluoreszierenden Aura umgeben.

Adresse Badstraße 45, 08648 Bad Brambach | **Anfahrt** A 72, Ausfahrt Plauen-Süd, B 92 in Richtung Oelsnitz, Straßenverlauf lange folgen bis Bad Brambach, dort rechts Forststraße, diese am Ende links Bosestraße, rechts Badstraße, weiter bis zum Kurpark, dort links auf den Parkplatz | **Öffnungszeiten** täglich 8.30 – 12.30 und 13.30 – 16.30 Uhr | **Tipp** Im benachbarten Schönberg am Kapellenberg befindet sich das gleichnamige Schloss. Im Gebäude befindet sich ein Café und Restaurant, Gerichte und Getränke können hier in gemütlicher und zugleich höfischer Atmosphäre genossen werden.

6 Die Kreuzkapelle und das Toilettenhäuschen

Stille Örtchen im Wald

Wer kennt das nicht? Man ist in der Natur unterwegs, und irgendwann meldet sich das dringende Bedürfnis nach einer Toilette. Was nun? Das stille Örtchen hinter dem nächsten Busch ist nicht jedermanns Sache, aber weit und breit ist kein Lokus in Sicht. Die Menschen in Bad Elster mussten sich vor über hundert Jahren diese Frage nicht stellen. 1848 wurde die Stadt im sächsischen Vogtland zum »Königlich Sächsischen Staatsbad« erhoben und entwickelte sich im Laufe der Jahre zum wichtigen Kurort. Erholung suchten die Bade- und Kurgäste auch inmitten von Fichten und Kiefern rund um den Brunnenberg. Das Areal wurde von 1911 bis 1917 mit Wegen, Treppen, Bänken und Schutzhütten als Waldpark gestaltet. Und heutzutage oft vergebens gesucht, dienten mehrere im Gelände verteilte Holzhäuschen den Passanten als öffentliche Toiletten.

Ob die damals an den Schutzhütten veranstalteten »Kaffee-Partys«, die die Kurgäste zum Wandern animieren sollten, ein Grund für die Errichtung der Aborte gewesen sind? Wer weiß. Eins dieser Örtchen findet man heute noch etwas abseits vom Weg neben der einstigen Rodelbahn. Das historische Toilettenhäuschen beherbergt eine kleine Ausstellung über die Historie und Sanierung der unweit gelegenen Kreuzkapelle. Das orientalisch anmutende Bauwerk aus Holz wurde 1877 als Schutzhütte erbaut. Es sollte Wanderern nach dem ermüdenden Aufstieg zum Ausruhen dienen und gläubigen Menschen einen Ort der Andacht bieten. Der Name leitet sich von dem Grundriss ab, der ein griechisches Kreuz umschreibt. Die Innenwände sind mit Birkenrinde, die Außenwände mit Fichtenrinde verkleidet. Der Kapelle vorgelagert sind ein Steinhang und zwei Kaskadenbecken, durch die das Wasser der weiter oben entspringenden Waldquelle fließt. Ein wahrhaft idyllischer Ort!

Adresse 08645 Bad Elster | Anfahrt A 72, Ausfahrt Plauen-Süd, B 92 in Richtung Oelsnitz, Straßenverlauf folgen bis rechts Elsterstraße, Straßenverlauf folgen bis rechts Carl-August-Klingner-Straße, Parken im Parkhaus | Tipp Der Fitness- und Motorikpark im Nordpark von Bad Elster lädt Jung und Alt zur Bewegung an der frischen Luft ein. Mehrere Stationen mit insgesamt 32 Einzelgeräten, nach Fitness-Themen gegliedert, stehen auf dem 2.500 Quadratmeter großen Areal kostenlos und für jedermann zur Verfügung.

7 Die KunstWandelhalle

Prominenz gibt sich die Ehre

Sehen und gesehen werden. Dieser Leitsatz dürfte am besten den angestammten Sinn und Zweck einer Wandelhalle beschreiben. Daher ist es nicht verwunderlich, dass diese Bauwerke meist groß und imposant sind. Sie waren im 18. bis hinein ins 20. Jahrhundert en vogue, als noch promeniert wurde. Hier bahnten sich Geschäfte an, wurde Klatsch und Tratsch verbreitet, geliebt und gelästert.

In Zeiten der sozialen Medien, Nachrichtendienste und Online-Konferenzen haben die Wandelhallen diese wichtige gesellschaftliche Bedeutung verloren. Nichtsdestoweniger sind sie – in neuer Funktion – meist immer noch ein wichtiges Element in jeder Stadt, die eine Wandelhalle ihr Eigen nennen kann. So zum Beispiel beheimatet die Halle in Hamburg ein großes Einkaufszentrum, im hessischen Bad Wildungen kann dort ein Quellenmuseum besucht werden, und in Eisenach haben die Stadtoberen bestimmt, die Halle für Veranstaltungen, Konzerte und Ausstellungen zu nutzen.

Für Letzteres entschied man sich auch in Bad Elster. 1929 anstelle einer alten »Wandelanlage« im Bauhausstil fertiggestellt, bietet sie inzwischen Kunstschaffenden Platz. Damit wird eine Tradition fortgesetzt, die ihren Ursprung im 19. Jahrhundert hat. Schon Käthe Kollwitz »wandelte« in Bad Elster, und auch Otto Dix und Conrad Felixmüller finden sich auf der langen Liste der prominenten Gäste.

Wer heute in der KunstWandelhalle ausstellen darf, hat das große Los gezogen. Die filigranen Pfeiler aus Postelwitzer Elbsandstein behindern kaum den Blick in den Park und schaffen damit ein besonders harmonisches Ambiente. Ansonsten scheint das Gebäude nur aus Glasflächen zu bestehen. Licht durchflutet das Innere von allen Seiten. Kaum ein Raum dürfte besser geeignet sein, um Werke zu präsentieren.

Und wer nach einer »Kunststunde« noch Zeit hat, der kann ins Sächsische Bademuseum wechseln, das sich ebenfalls im Gebäude befindet.

Adresse Badstraße 6, 08645 Bad Elster, www.kunstwandelhalle.de | **Anfahrt** A 72, Ausfahrt Plauen-Süd, B 92 in Richtung Oelsnitz, Straßenverlauf folgen bis rechts Elsterstraße, Straßenverlauf folgen bis zum Kurpark | **Öffnungszeiten** Mi–Fr 14–17.30 Uhr, Sa und So 9.30–12 und 14–17.30 Uhr | **Tipp** Auf dem Bahnhofssteig schweben riesige Skulpturen aus Metall über den Köpfen von Spaziergängern, unter anderem eine Hexe, eine Musikerin und ein Sänger.

8 Das Heinrich-Schütz-Haus

Musik liegt in der Luft

Bei Bach und Beethoven dürfte jeder eine Verbindung zur klassischen Musik herstellen können. Bei Telemann wird die Luft schon dünn, um dann bei Heinrich Schütz vollends wegzubleiben.

Daraus könnte man nun ableiten, dass Heinrich Schütz – hätte er heutzutage gelebt – niemals den blauen Haken bei Instagram erhalten würde, der eine »interessante Person« kennzeichnet. Doch das würde ihm nicht gerecht werden.

Heinrich Schütz war ein deutscher Komponist des Frühbarocks und gilt unter Kennern als Wegbereiter der deutschen Barockmusik. Schütz erblickte am 18. Oktober 1585 in Köstritz das Licht der Welt und starb am 16. November 1672 in Dresden. Zwar absolvierte er in jungen Jahren auf Drängen seiner Eltern ein Jurastudium. Doch kaum hatte er das damalige »Staatsexamen« in der Tasche, reiste er nach Venedig, um bei Giovanni Gabrieli, einem der einflussreichsten Komponisten seiner Zeit, die italienische Musiktradition zu erlernen.

Fortan bestimmten Noten und nicht Gesetze das Leben von Heinrich Schütz. Er brachte es bis zum Hofkapellmeister am sächsischen Hof in Dresden und schuf eine Vielzahl von Werken. Besonders bekannt sind seine geistlichen Kompositionen, darunter die »Musikalischen Exequien« und die »Psalmen Davids«, die als Meisterwerke der protestantischen Kirchenmusik gelten.

Heinrich Schütz wird als »Vater der deutschen Musik« bezeichnet. Das unterstreicht eindrucksvoll seine Bedeutung in der Musikgeschichte. Somit kommt es nun nicht mehr überraschend, dass in seiner Geburtsstadt Bad Köstritz ein Museum dem Leben des berühmten Komponisten gewidmet ist. Die Ausstellung umfasst Musikinstrumente, historische Dokumente, Noten und persönliche Gegenstände des Komponisten. Wer nach dem Besuch mehr von Heinrich Schütz hören möchte, der kann den »Klangspaziergang« gegenüber dem Museumseingang angehen. Dort befindet sich eine Station des »Soundwalk Heinrich Schütz«.

Adresse Heinrich-Schütz-Straße 1, 07586 Bad Köstritz | Anfahrt A 4, Ausfahrt Gera-Langenberg, B 7 in Richtung Bad Köstritz, links Bahnhofstraße, weiter bis rechts Heinrich-Schütz-Straße | Öffnungszeiten Di – Fr 10 – 17 Uhr, Sa, So und Feiertage 13 – 17 Uhr | Tipp Bad Köstritz ist bekannt für seine jahrhundertealte Bierbrautradition. Während der Führungen in der Köstritzer Brauerei erfahren Besuchende vieles über diese traditionelle Braukunst (www.koestritzer.de).

9 Der Fäßleseecher

Not macht erfinderisch

Die heutige Stadt Bad Lobenstein kann auf eine lange Geschichte zurückblicken. Bereits 1250 wurde sie erstmals urkundlich erwähnt, und schon 28 Jahre später erhielt sie das Stadtrecht. Wie viele andere Orte im Vogtland reichten sich über die Jahrhunderte hinweg die Reußen der verschiedenen Linien untereinander den Stadtschlüssel weiter. Ab 1597 hatte das ein Ende, und Lobenstein gehörte bis 1918 zu den Reußen der jüngeren Linie.

Das bedeutsamste Handwerk war seit dem Niedergang des Bergbaus am Ende des Dreißigjährigen Krieges das Tuchmacherhandwerk. Lange prosperierten die Lobensteiner daran. Aber bekanntlich belebt Konkurrenz das Geschäft, und das bekamen auch die Lobensteiner zu spüren. Die Tuchpreise fielen, da preiswerte Anbieter, teils aus dem Ausland, ihre Produkte auf dem Markt anboten. Die Lobensteiner mussten sich also etwas einfallen lassen, um konkurrenzfähig zu bleiben. Von den zahlreichen Möglichkeiten, die in einem solchen Fall zur Verfügung stehen, wählten sie eine, die leicht umzusetzen war: Sie entschieden sich dafür, den zur Appretur der Tücher notwendigen, aber kostspieligen Ammoniak durch einen preiswerteren und leicht verfügbaren Naturstoff zu ersetzen. Das Zaubermittel hieß Urin.

Fortan stand in jeder Weberstube ein Fässchen bereit. Alle Familienmitglieder wurden angehalten, in diesen Behälter zu urinieren. Im Sprachgebrauch wurde dies »hineinseechen« genannt, was ihnen dann rasch auch den Spottnamen »Lommesteener Fäßleseecher« einbrachte.

Doch auch wenn diese »Rohstoffgewinnung« den Untergang des Tuchmacherhandwerks in Lobenstein verzögerte, verhindern konnte sie ihn nicht. Heutzutage spielt das Tuchmacherhandwerk in Lobenstein keine Rolle mehr. Vergessen haben die Ortsansässigen die alte Zeit jedoch nicht. Und so »verrichtet« mehrmals täglich eine im Rathausturm eingebaute Figur ihr »Geschäft« direkt auf den Marktplatz.

Adresse Markt 1, 07356 Bad Lobenstein | Anfahrt A 9, Ausfahrt Bad Lobenstein, B 90 in Richtung Bad Lobenstein, im Ort die B 90 geradeaus auf Straße der Jugend verlassen, Straßenverlauf folgen bis zum Marktplatz, dort parken | Öffnungszeiten in den Sommermonaten täglich 10, 12, 14 und 16 Uhr vom Rathausturm auf dem Marktplatz | Tipp Die ARDESIA-Therme in Bad Lobenstein bietet neben dem eigentlichen Thermalbad eine Saunalandschaft, Theraphieangebote, Mooranwendungen und vieles mehr.

10 Die Kunstlöwen

Skulpturen für Großwildknipser

In Bayern kommt man einfach nicht an ihm vorbei: dem Löwen, die Symbolfigur des Freistaates schlechthin. Er ist ein begehrtes Souvenir, etwa aus Plüsch, als Nippes oder auf Bierkrügen, und er schmückt neben Hausfassaden und Denkmälern gleich mehrfach das bayerische Staatswappen.

Ursprünglich das Emblem der Pfalzgrafen bei Rhein, sprang der goldene Löwe nach der Belehnung des bayerischen Herzogs Ludwig im Jahr 1214 mit der Pfalzgrafschaft gewissermaßen in das Wappen der Wittelsbacher und fand später Einzug in das bayerische Wappen. Die Herrscherfamilie soll sich sogar lebende Löwen gehalten haben. Und noch heute sind die Raubkatzen in Bayerns Schlössern und Parks anzutreffen – nun jedoch zumeist in Stein gehauen.

Farbenfrohe Artgenossen hingegen sind die bunten Hingucker des Kurortes Bad Steben im oberfränkischen Landkreis Hof. Ein Rudel Kunstlöwen »streunt« durch das bayerische Staatsbad. Die lebensgroßen Skulpturen sind individuell von Künstlerhand bemalt und wurden als liebenswerte Werbeträger im Ort aufgestellt. Mit der Kamera bewaffnet kann es losgehen zur »Großwildjagd« quer durch Bad Steben, die schöne Fotos und gute Laune für Groß und Klein verspricht. Man muss nicht lange suchen, um sich mit einem Bad Stebener Löwen, zum Beispiel dem Blauen Sultan, Leonardo di Casino oder dem Sonnenkönig, ablichten lassen zu können. Ein Flyer der Tourist-Information verrät, wo sich die Leos aufhalten. In der kalten Jahreszeit suchen die Raubkatzen jedoch ihr Winterquartier auf, sie werden im Frühjahr aber wieder in die Freiheit entlassen. Neben der löwenstarken Kunst hat Bad Steben noch mehr zu bieten. Der unter Denkmalschutz stehende Kurpark mit der historischen Säulenwandelhalle lädt zum Spaziergang ein. Bei einem Besuch in der modernen Therme lässt es sich bei einzigartigen Klang- und Lichtinszenierungen in den Wasserwelten wunderbar entspannen.

Adresse 95138 Bad Steben | Anfahrt A 9, Ausfahrt Naila / Selbitz, B 173 in Richtung Naila, dort rechts St 2195, Straßenverlauf folgen bis Bad Steben | Öffnungszeiten grundsätzlich immer, allerdings werden die Löwen in den Wintermonaten eingelagert | Tipp Der Zietsch-Brunnen im Kurpark Bad Steben ist für alle offen und zugänglich. Sowohl Kurgäste als auch Besucher haben die Möglichkeit, das Wasser der radonhaltigen Tempelquelle und der kohlensäurereichen Wiesenquelle zu genießen.

11 Der weiße Schutzengel

Wohlbehütet in Berga

Heerscharen von ihnen »bevölkern« die Erde. Mal kitschig, mal kunstvoll, hier groß, dort klein, hin und wieder farblos, dann wiederum bunt: Das Spektrum ihres Aussehens ist vielfältig. Die Beliebtheit von Engeln in Form von Glücksbringern oder Dekorationsgegenständen ist ungebrochen. Es dürfte kaum ein Haushalt zu finden sein, in dem keine göttlichen Boten eingezogen sind.

Engel faszinieren seit Anbeginn der Zeit. Es gibt nicht wenige, die fest an die Existenz dieser übernatürlichen Wesen, die meist mit Flügeln daherkommen, glauben. Sogar eine Scheinwissenschaft existiert. Diese befasst sich unter anderem mit der Rangordnung diverser Engel oder versucht, den Sachverhalt zu klären, ob es Schutzengel überhaupt gibt.

Aber gleichgültig, wie die pseudowissenschaftliche Auflösung dieser letztgenannten Problemstellung schlussendlich ausfällt: Den Holzbildhauer Thomas Nowacki hat weder ein Für noch ein Wider davon abgehalten, im Jahr 2012 ein Kunstwerk in Form eines Engels aus einem Baumstamm zu erschaffen. Dabei gehörte die Motorsäge zu seinem bevorzugten Werkzeug, mit der er aus dem Holz eine rund 2,70 Meter große Figur schnitzte. Das geschah nicht etwa geschützt vor Blicken in einem Atelier: Thomas Nowacki werkelte in aller Öffentlichkeit mitten in Berga vor dem »Spittel«, dem ehemaligen Hospital und jetzigen Heimatmuseum, an der Figur.

So entwickelte sich wie beiläufig eine kollektive Identifikation der Bürgerinnen und Bürger von Berga mit »ihrem« Schutzengel. Dergestalt ins Herz gefasst, herrschte rasch Einigkeit darüber, dass ein besonders schöner Platz für die Figur gefunden werden musste. Die Entscheidung fiel zugunsten der Bastei oberhalb der Weißen Elster, einem bereits bestehenden und beliebten Aussichtspunkt. Dort steht der weiß lackierte Engel weithin sichtbar nunmehr seit über einer Dekade und breitet die Flügel schützend über Berga aus.

Adresse Elsterstraße 26, 07980 Berga | Anfahrt A 4 bis Autobahnkreuz Gera, rechts auf B 2 und B 92, Straßenverlauf folgen bis rechts B 175, dieser folgen bis Berga | Tipp An dunkle Zeiten in Berga wird auf der Kriegsgräberanlage am Baderberg in Berga erinnert. Für einen Stollenbau wurde hier ein Außenlager des Konzentrationslagers Buchenwald errichtet, in dem aufgrund der unmenschlichen Arbeitsbedingungen 315 Häftlinge starben.

12 Der Drei-Freistaaten-Stein

»Es kann nur einen geben!«

An diesem Ort sind es von Thüringen nach Sachsen, von dort nach Bayern und wieder zurück nach Thüringen nur drei Katzensprünge. Der Drei-Freistaaten-Stein befindet sich an einem ruhigen Ort inmitten von Feldern und Wiesen. Die Sicht reicht bis in den Frankenwald und ins Fichtelgebirge. Die Rotorblätter der nahe gelegenen Windkrafträder rauschen im meist stetigen Luftstrom, der über die Anhöhe streicht. Ein Wanderweg quert die Stelle, und das Wasser eines Baches plätschert munter, in der Ferne streben mächtige Windräder gen Himmel. An dieser Stelle treffen die Gemarkungen von Münchenreuth (Landkreis Hof, Freistaat Bayern), Grobau (Vogtlandkreis, Freistaat Sachsen) und Gebersreuth (Saale-Orla-Kreis, Freistaat Thüringen) zusammen.

Dass drei Bundesländer an einem Punkt zusammentreffen, kommt in Deutschland genau 15 Mal vor. Außergewöhnliches schildert der Drei-Freistaaten-Stein dergestalt betrachtet also nicht aus. Allerdings markiert er die einzige Stelle, an der sich drei Freistaaten berühren.

Aber was sind überhaupt Freistaaten? Im Kontext der deutschen Geschichte bezeichnete der Begriff »Freistaat« ursprünglich die Republik Bayern, nachdem die Monarchie dort nach dem Ersten Weltkrieg abgeschafft wurde. Seitdem wird Bayern offiziell als »Freistaat Bayern« bezeichnet, obwohl es Teil der BRD ist und die gleiche föderale Struktur besitzt wie die anderen Bundesländer. Der Begriff »Freistaat« hat keine spezifische rechtliche Bedeutung, sondern ist eher symbolisch und kulturell geprägt. Die stolze Bezeichnung unterstreicht lediglich die Souveränität, Freiheit und Eigenständigkeit des betreffenden Bundesstaates.

Die besondere Betonung dieser Eigenschaften haben auch die Souveräne von Sachsen und Thüringen für wichtig erachtet. Und erst damit konnte der Drei-Freistaaten-Stein zu dem werden, was er ist: ein Unikat in der Bundesrepublik.

Adresse 08538 Burgstein | **Anfahrt** A 72, Ausfahrt Hof/Töpen, B 2 in Richtung Töpen, rechts Tiefendorfer Straße, Straßenverlauf folgen bis hinter Münchenreuth, nach Ortsausgang erste Abzweigung links, nächste Kreuzung scharf rechts, weiter bis Parkplatz »Drei-Freistaaten-Stein«, von hier 5 Minuten zu Fuß | **Tipp** Der »proBier Brunnen« in Gebersreuth hält in einem gekühlten Holzkasten Erfrischungsgetränke für Durstige bereit. Bei Gebersreuth 5, 07926 Gefell die Dorfstraße auf den Wirtschaftsweg verlassen, wenige Meter weiter ist der Brunnen links zu finden.

13 Der Geysir

Nicht klotzen, sondern kleckern

Vom Parkplatz geht es über eine Wiese und eine Brücke, unter der ein Bach gurgelt. Nach rund 100 Metern Spaziergang auf einem Wanderweg führt rechts wiederum eine Brücke über das Gewässer. Folgt man diesem Weg, so erreicht man den einzigen Geysir des Vogtlandes. Besuchende dürfen allerdings nicht zu viel erwarten. Island ist weit entfernt, und selbst bis zum Pendant in Andernach, welcher eine Fontäne von 60 Meter Höhe ausstößt, sind es Luftlinie rund 300 Kilometer. Hier auf der Wiese am Kemnitzbach plätschert die in einem Becken eingefasste Quelle eher, als dass es herausschießt. 1,50 Meter sind es, um genau zu sein.

Trotzdem gehört dieser Geysir zur Gruppe der sogenannten artesischen Brunnen. Das sind diejenigen, bei denen aufgrund des Überdrucks das Wasser selbstständig an der Geländeoberfläche austritt. Dabei ist es gleichgültig, ob das Wasser sich selbst den Weg durch die Gesteinsschichten gebahnt hat oder ob von außen nachgeholfen wurde.

Letzteres geschah am Kemnitzbach. 1960 und 1961 erkundete an Ort und Stelle die SDAG Wismut den Boden. Öl fanden sie bei dieser Bohrung nicht (was allerdings auch nicht beabsichtigt war), aber in 771 Meter Tiefe das unter Druck stehende Wasser. Damals noch »gespannt wie ein Flitzebogen«, schoss es aus dem Bohrloch heraus, wobei die Fontäne eine Höhe von 50 Metern erreichte. Erfrischend dürfte die Nässe für die Arbeiter der Wismut allerdings kaum gewesen sein, denn der an Mineralien reiche Sprudel ist bis heute mit rund 25 Grad Wärme als Thermalwasser eingestuft.

Das ist auch der Grund, warum es mit der Ruhe rund um den Geysir bald vorbei sein könnte. Denn es laufen Überlegungen, die Wärmeenergie des Wassers in einem Geothermiekraftwerk zu nutzen. Doch bekanntlich mahlen die Behördenmühlen in Deutschland sehr langsam. Und somit ist zu erwarten, dass ein Picknick an der Thermalquelle noch lange Zeit möglich sein wird.

Adresse Neumühle 87, 08538 Burgstein | Anfahrt A 72, Ausfahrt Pirk, B 173 in Richtung Göswein, Straßenverlauf folgen bis halb rechts Zur Pirkmühle, Straßenverlauf bis zum Reit- und Therapiehof Neumühle folgen, Parken links auf Parkplatz hinter der Kurve | Tipp Folgt man dem Wanderweg, der am Parkplatz beginnt, entlang des Kemnitzbaches, so erreicht man nach rund zwei Kilometern die sehenswerte Schafbrücke. Die aus Bruchsteinen gemauerte Steinbogenbrücke ist im 18. Jahrhundert erbaut worden und bot den Schäfern der Umgebung die Möglichkeit, mit ihrer Herde den Bach zu überqueren.

14 Das Hermann-Vogel-Haus

Eintauchen in zauberhafte Märchenwelten

In Plauen-Haselbrunn und im Dresdener Stadtteil Loschwitz wurde eine Straße nach ihm benannt – Hermann Vogel. Wer war der Mann, dessen Name auf den Straßenschildern in den beiden Städten prangt?

Hermann Vogel kam am 16. Oktober 1854 in Plauen zur Welt. Nach dem Abitur und einem abgebrochenen Jurastudium begann er im Jahr 1874 sein Studium an der Kunstakademie in Dresden. Allerdings brach er dieses ebenfalls ab, um einen profitablen Auftrag zur Illustration der »Deutschen Heldensagen« von Wilhelm Wägner anzunehmen. Von da an setzte er seine Ausbildung autodidaktisch fort. Er selbst bezeichnete sich als romantisch-humoristischen Künstler. Seine wunderschönen Illustrationen mit einem unerschöpflichen Figurenreichtum erweckten unter anderem die Märchen der Brüder Grimm auf zauberhafte Weise zum Leben und verhalfen ihm zu überregionaler Bekanntheit. Ein Osterhase aus der Feder des Plaueners inspirierte die Firma Vaillant zu ihrem tierischen Markenzeichen. Seit 1899 ziert der »Hase im Ei« als Logo die Produkte und Prospekte des Remscheider Unternehmens.

Der Maler und Poet gilt heute als der bedeutendste vogtländische Künstler des 19. Jahrhunderts. Neben seinem Haus in Dresden ließ er sich in Krebes einen weiteren Wohnsitz mit Atelier errichten. Dieses »Pfefferkuchenhäuschen«, das einem Märchenbuch entsprungen zu sein scheint, war in späteren Jahren sein Hauptaufenthaltsort. Hier verstarb Hermann Vogel am 22. Februar 1921.

Das Haus wird seit 1997 nach einer umfangreichen Sanierung als Museum genutzt. Die Ausstellung widmet sich dem Leben und Werk des Künstlers, hier kann man sich von den märchenhaften Illustrationen und Zeichnungen verzaubern lassen, seine satirischen Grafiken bestaunen und im idyllischen Garten am Froschkönigbrunnen die Seele baumeln lassen. Ein Spaziergang zum Grab des Malers an der Dorfkirche rundet den Besuch des Hermann-Vogel-Hauses ab.

Adresse Burgsteinstraße 5, 08538 Burgstein-Krebes, www.vogtlandmuseum-plauen.de | **Anfahrt** A 72, Ausfahrt Pirk, B 173 in Richtung Pirk, in Großzöbern rechts Krebeser Straße, Straßenverlauf folgen bis links Am Burgstein, weiter bis Burgstein-Krebes, Parken im Ort | **Öffnungszeiten** April – Okt. Do – So und Feiertage 10 – 16.30 Uhr | **Tipp** In der malerischen Landschaft zwischen den Dörfern Krebes und Ruderitz erheben sich die majestätischen Überreste zweier gotischer Kirchen aus dem 15. Jahrhundert, die als Burgsteinruinen bekannt sind.

15 Die Santa-Clara-Kapelle

Klappe zu, Affe tot

Perfide! Nichts anderes fällt einem dazu ein. Nein, nicht die Santa-Clara-Kapelle an sich soll damit geschmäht werden. Sie spielte zwar die Hauptrolle in einer arglistigen Irreführung, war aber nur Mittel zum Zweck.

Um das falsche Spiel zu verstehen, sind einige Hintergrundinformationen hilfreich. Erbaut Ende des 12., Anfang des 13. Jahrhunderts, wurde die als Wallfahrtsstätte dienende Kapelle erstmals 1529 urkundlich erwähnt. Auftraggeberinnen des Baus waren die Nonnen des Klarissenklosters in Hof, deren Konvent damals über große finanzielle Mittel verfügte. Das ist kaum verwunderlich, denn viele – auch finanziell gut gestellte – Frauen traten damals dem Orden bei, da er aufgrund der für seinerzeitige Verhältnisse außergewöhnlich demokratischen Regeln beliebt war. Noch heute sind die Klarissen einer der größten Frauenorden der katholischen Kirche. Da die Ordensgründerin Klara von Assisi allseits verehrt wurde, ist es nachvollziehbar, dass die Kapelle nach ihr benannt wurde.

Auf dem 540 Meter hohen Kapellenberg in Heinersgrün ist das Gebäude – ebenso die drei flankierenden Holzkreuze – bereits von Weitem sichtbar. Oben angekommen öffnet sich ein schöner Rundblick ins Vogtland, Erzgebirge und ins Fichtelgebirge. Weiß verputzt und mit einer zwiebelförmigen Kuppel versehen, gleicht die Kapelle eher den bayerischen Kirchen. Und genau dieser Umstand wurde bei dem eingangs erwähnten Täuschungsmanöver ausgenutzt.

Zu Zeiten der deutsch-deutschen Teilung lag Heinersgrün grenznah zu Bayern. Außer den Anwohnern durfte niemand das Sperrgebiet betreten. Die Kapelle diente zu dieser Zeit als Beobachtungsposten – und als Falle. Flüchtende sollten denken, sie hätten schon bayerisches Gebiet erreicht. Hätten die Klarissen auch nur ahnen können, dass ihre Kapelle einst für eine derartige Teufelei genutzt werden würde, hätten sie garantiert auf den Zwiebelturm verzichtet.

Adresse An der Kapelle 2, 08538 Burgstein | **Anfahrt** A 72, Ausfahrt Pirk, B 173 in Richtung Pirk, Straßenverlauf folgen bis Hinweisschild rechts nach Heinersgrün, Parken im Ort, von hier circa 10 Minuten zu Fuß auf den Kapellenberg | **Öffnungszeiten** Kirchenschlüssel erhältlich beim Schmied in Heinersgrün, Reiner Thiele, Tel. 037433/5384 | **Tipp** Folgt man in nördlicher Richtung dem Kammweg vom Ortsausgang Heinersgrün aus, so erreicht man kurz darauf den direkt an der Autobahn gelegenen ehemaligen »Grenzturm Heinersgrün«, ein als Lost Place interessantes Fotomotiv.

16 Das Pachelbelhaus

Wo Wallenstein sein Ende fand

Heulend schoss eisiger Wind durch die nachtdunklen Gassen von Eger. Albrecht von Wallenstein spürte jedoch keine Kälte. Er stapfte unruhig von einem Fuß auf den anderen und wartete in seinem Quartier in Eger auf Nachrichten. Plötzlich klopfte es, die Tür seines Zimmers flog auf, und Oberst Octavio Piccolomini, einer seiner engsten Vertrauten, trat ein. »Wir müssen reden«, flüsterte er.

»Was gibt es?«, fragte Wallenstein beunruhigt. Die Stimme des Obersts klang heute anders, bedrohlich gar.

Piccolomini trat näher, richtete einen langen Spieß auf Wallensteins Brust. »Der Kaiser hat beschlossen, dass du ein Verräter bist. Er befiehlt deinen Tod!«

Bevor Wallenstein zu einer Verteidigung ansetzen konnte, umzingelten ihn plötzlich Soldaten. Es waren seine eigenen Männer, die sich jetzt gegen ihn wandten. »Ihr Verräter!«, spie er angewidert aus. In dem Moment stieß der Oberst zu, und mit einem letzten Fluch auf den Lippen sank Wallenstein sterbend darnieder.

Was sich zunächst wie eine Szene aus einem historischen Roman anhört, ist tatsächlich so am 25. Februar 1634 geschehen. Kaiser Ferdinand II. fürchtete die zunehmende Unabhängigkeit und Macht Wallensteins sehr. Schneller, als Wallenstein es erwartet hatte, wurde er deswegen von »Emperor's darling« zum »Staatsfeind Nummer 1«.

Fast 400 Jahre später kann der Tatort immer noch besichtigt werden. Er befindet sich in einem Zimmer des Pachelbelhauses nördlich des Marktplatzes. Im 17. Jahrhundert im Renaissancestil erbaut, ist es nach dem deutschen Komponisten Johann Pachelbel benannt, der eine Zeit lang in Cheb lebte. Das dreistöckige Gebäude beherbergt heutzutage ein Museum, das dem Leben und Schaffen des Komponisten gewidmet ist. Historische Möbel und kunstvolle Details versetzen die Besucher in vergangene Zeiten zurück. Und manch einer schwört, dass es in Wallensteins Zimmer frostiger ist als in den anderen Räumen.

Adresse nám. Krále Jiřího z Poděbrad 493, 350 02 Cheb (Eger), Tschechien | **Anfahrt** A 93, Ausfahrt Marktredwitz-Nord, links auf B 303, Straßenverlauf und Ausschilderung Cheb bis rechts Route 214 folgen, im nächsten Kreisverkehr rechts Baltazara Neumanna, weiter bis Parkplatz unterhalb der St.-Nikolaus-Kirche | **Öffnungszeiten** März–April sowie Okt.–Dez. Mi–So 9–12.30 und 13–17 Uhr, Mai–Sept. Di–So 9–12.30 und 13–17 Uhr | **Tipp** Fußläufig leicht zu erreichen ist der Hochseilgarten »Trinity Eger« (Koželužská 1942). Hier können sich Kinder ab drei Jahren und Besucher ohne Altersbegrenzung austoben.

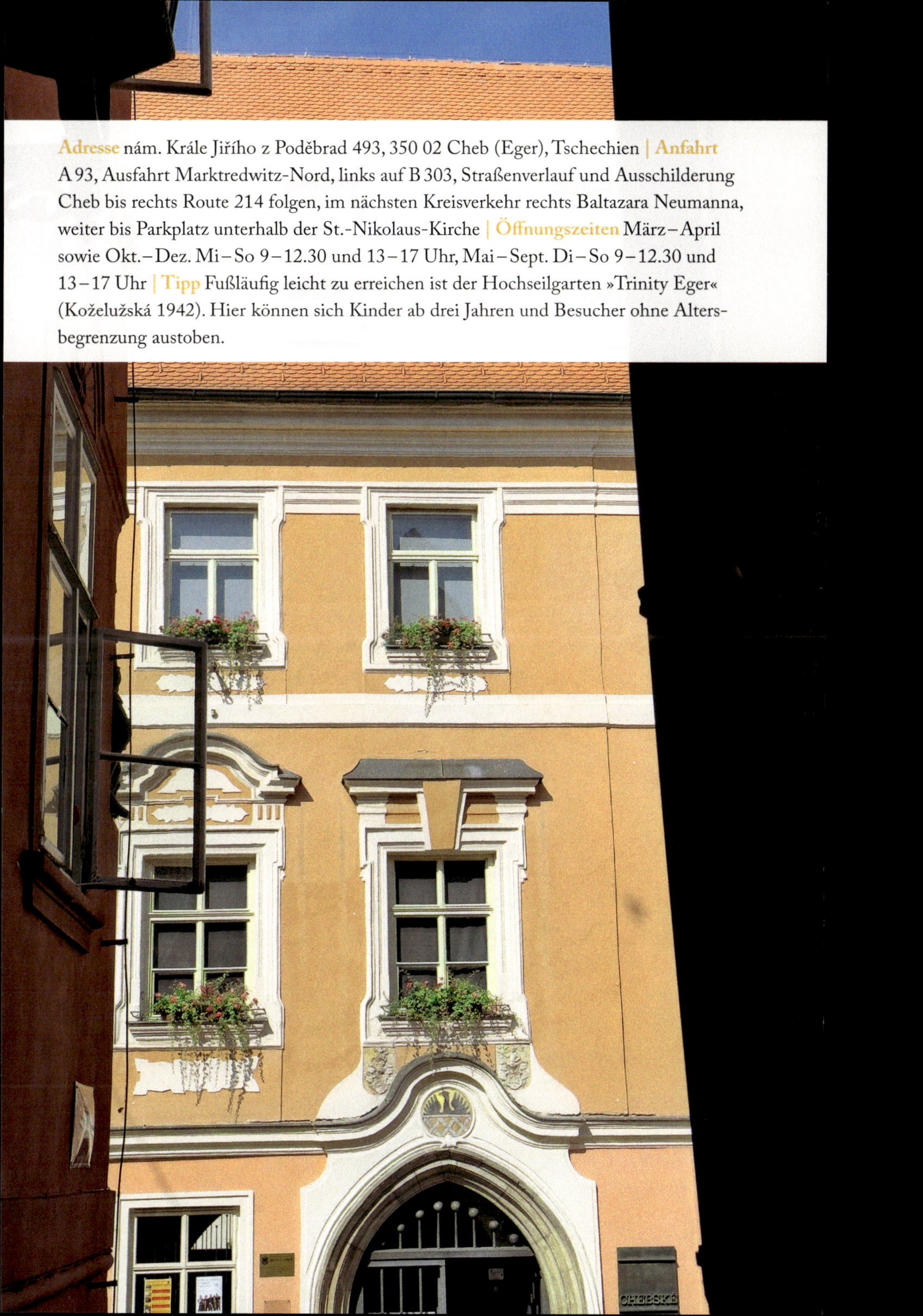

17 Die überflutete Brücke

Taucherausrüstung nicht nötig

Dass beim Anstauen eines neuen Speichersees ganze Dörfer überflutet werden, ist nicht ungewöhnlich. In gewisser Weise ist das trotz der Leiden der Menschen, die Heim und Hof verlieren und umgesiedelt werden müssen, sogar nachvollziehbar. Denn Europa gehört zu den Regionen der Erde mit der höchsten Bevölkerungsdichte, kaum ein Tal dürfte noch unbewohnt sein. Würde man stets Rücksicht üben, wäre ein neues Talsperrenprojekt wohl kaum mehr umsetzbar. Das gilt heutzutage ebenso wie damals.

Auch beim Bau der Staumauer Jesenice östlich der tschechischen Stadt Cheb (Eger) entschied man bei dem Dissens Gemeinwohl gegen Einzelinteressen zugunsten der Allgemeinheit. So rückten im Jahr 1957 die Bauarbeiter an, um einen gut 750 Meter langen, 20 Meter hohen und elf Meter breiten Damm zu errichten. Sie benötigten dafür bis ins Jahr 1961, dann konnte das Tal geflutet werden. Bis heute speist der Fluss Wondreb den See, der in erster Linie zur Brauchwasserentnahme und Energieerzeugung dient. Und auch wasserbegeisterte Freizeitsportler dürfen hier ihren Aktivitäten nachgehen.

Mit dem Ansteigen des Wasserspiegels wurde das Dorf Jesenice vollständig, der Ort Denice zum größten Teil überflutet. Die Gebäude dienen heutzutage Tauchern als Unterwasser-Ausflugsziele.

Doch auch ohne eine Sauerstoffflasche kann ein visueller Ausflug in die Zeit vor der Talsperre angegangen werden. Südlich dem Ort Malá Všeboř vorgelagert durchbricht selbst bei höchstem Wasserstand die alte Straßenbrücke, die einst nach Velká Všeboř führte, die Wasseroberfläche. Sie ist sogar auf den Satellitenbildern von Google Maps gut zu erkennen. Über die Jahrzehnte hinweg etwas angerostet, ist die Brücke sicherlich nicht so malerisch anzusehen wie der Kirchturm, der aus dem italienischen Reschensee ragt. Doch trotzdem dürfte sie nicht nur für Lost-Places-Jäger ein faszinierendes Fotomotiv sein.

Adresse 350 02 Cheb-Podhrad, Tschechien | Anfahrt A 93, Ausfahrt Marktredwitz-Nord, links auf B 303, Straßenverlauf und Ausschilderung Cheb bis rechts Route 214 folgen, im nächsten Kreisverkehr geradeaus auf Route 606 bis links auf Pivovarská, Straßenverlauf folgen bis Kreisverkehr, dort rechts auf Maškov, weiter bis links auf Podhradská, über Chebská und halb links auf Zamecká bis Straßenende am See in Malá Všeboř | Tipp Die Ortschaft Doubrava u Lipové (Taubrath-Lindenhau) rund zwölf Kilometer südlich von Cheb wurde zum denkmalgeschützten Dorfensemble erklärt. Zahlreiche gut erhaltene Egerländer Fachwerkbauten mit prächtig gestalteten Hausfassaden können hier bestaunt werden.

18 Die Zeitpforte

Die monumentale Aktivierung eines Zeitstrahls

Keine Frage: Die Stadt Cheb (Eger) ist eine Perle des böhmischen Vogtlandes. Der große Marktplatz wird von geschichtsträchtigen Gebäuden eingefasst. Besondere Blickfänge sind dabei das barocke Rathaus und die elf eng gruppierten Fachwerkhäuser, die als »Eger Stöckl« bezeichnet werden. Komplettiert wird dieser Reigen von zwei Marktbrunnen, der alles überragenden St.-Nikolaus-Kirche und der Zeitpforte.

Wer sich jetzt bei der letztgenannten Attraktion erstaunt die Augen reibt und Szenen der Fernsehserie »Time Tunnel« im Sinn hat, der liegt weit daneben. Trotzdem ist tatsächlich ein Zeitsprung notwendig, um alles zu verstehen. Allerdings muss dafür keine phantasmagorische Technik bemüht werden, es reichen schlicht einige Worte aus.

Mitte des 19. Jahrhunderts entschieden die Stadtoberen, den Bahnhof durch einen Boulevard mit dem Marktplatz zu verbinden. Dafür mussten Häuser am Markt weichen, die den Weg versperrten. Im Zuge der Erneuerung der Stadtmitte in den Jahren 2009 und 2010 wurde ein Wettbewerb zur Gestaltung des Platzes ausgeschrieben, an dem einst diese Gebäude standen. Es gewann der Bildhauer Marián Karel mit seinem Vorschlag der Zeitpforte. Das neun Meter hohe, zwei Meter breite und 3,5 Tonnen schwere Kunstwerk stellt symbolisch die Tür eines der abgerissenen Häuser dar. Die Zeitpforte dreht sich in zwei Tagen kaum merklich einmal um die eigene Achse. Doch damit endete der Einfallsreichtum des Künstlers noch lange nicht: Das Kunstwerk ist zugleich der Ort, ab dem die Stadtgeschichte von Cheb abgelaufen werden kann. Eine im Pflaster eingelassene metallene Zeitachse führt die wichtigsten Daten der Cheber Geschichte auf. Sie beginnt mit der ersten Erwähnung der Stadt im Jahr 1061; weiter zieht sich das Metallband dann durch die Fußgängerzone und zugleich auch durch die Jahrhunderte. Somit im wahrsten Sinne der Worte: Geschichte auf Schritt und Tritt.

Adresse Marktplatz, 350 02 Cheb (Eger), Tschechien | **Anfahrt** A 93, Ausfahrt Marktredwitz-Nord, links auf B 303, Straßenverlauf und Ausschilderung Cheb bis rechts Route 214 folgen, im nächsten Kreisverkehr rechts Baltazara Neumanna, weiter bis Parkplatz unterhalb der St.-Nikolaus-Kirche | **Tipp** Das Retromuseum am Marktplatz beheimatet eine wunderschöne Sammlung von Gegenständen aus Tschechiens sozialistischer Vergangenheit. Neben Küchengeräten, Spielzeug und Büroausstattung werden auch einige restaurierte Fahrzeuge ausgestellt.

19 Die Schwedenfichte

Lieber Arm dran als Kopf ab

»Alter Schwede«, werden einige derer murmeln, die einen Abstecher zur Schwedenfichte in Obercrinitz machen. Die Redewendung ist zwar inzwischen ein wenig abgegriffen, doch liegt sie aufgrund der Bezeichnung nahe und passt somit wie die »Faust aufs Auge«, um das Erstaunen über den möglicherweise wundersamsten und urwüchsigsten Baum des Vogtlandes auszudrücken.

Doch zunächst einmal muss die Fichte gefunden werden. Folgt man dem gelb markierten Obercrinitzer Rundwanderweg von der Alten Wildenauer Straße kommend, erreicht man nach kurzer Zeit eine Wiese. Am südwestlichen Ende des Grunds versteckt sich das Naturdenkmal zwischen anderen Bäumen am Waldrand. Aber einmal entdeckt, wird sich der Blick nicht mehr so schnell von dem mächtigen Stamm lösen. Der Wuchs der Äste ist außergewöhnlich. Er gleicht einem Leuchter in Form einer Menora. Allerdings sind es nicht nur sieben »Ast-Arme«, die sich gen Himmel strecken, sondern derer unzählige. Die Krone ist eher licht bewachsen, sodass unter ihr niemand im Dunkeln steht. Trotz dieser angenehmen Gegebenheit ist die Atmosphäre hier an Ort und Stelle eher bedrückend – spätestens ab dem Zeitpunkt, ab dem bekannt wird, welcher Umstand der Fichte ihren Namen eingebracht hat. Und davon berichtet das Hinweisschild in Baumnähe: Im Dreißigjährigen Krieg haben an dieser Stelle schwedische Soldaten ihre getöteten Kameraden begraben. Das belegen Funde von Münzen, Waffen und menschlichen Knochen. So weit, so normal. Allerdings soll seitdem in der Nähe der Schwedenfichte der »Reiter ohne Kopf« sein Unwesen treiben.

Wenn dem tatsächlich so ist, hat der kopflose Reiter die Fichte heranwachsen sehen. Mit einem Alter von rund 100 Jahren erfolgte das Aufkeimen des Setzlings weit nach dem besagten Krieg, der bereits im Jahr 1648 endete.

Und wer weiß: Vielleicht hat sogar der kopflose Reiter selbst den Samen für die Fichte ausgebracht.

Adresse Alte Wildenauer Straße, 08147 Crinitzberg | Anfahrt A 72, Ausfahrt Reichenbach, B 94 in Richtung Lengenfeld, links Zwickauer Straße, Straßenverlauf folgen bis links Wildenauer Straße, weiter bis links Stangengrüner Straße, dann Alte Obercrinitzer Straße, Parken am Sportplatz in Obercrinitz | Tipp Nach der Wanderung lädt der Wernesgrüner Brauerei-Gutshof, Bergstraße 2, 08237 Steinberg, zu einer Stärkung ein. Und wer Lust und Laune verspürt, kann anschließend noch eine Brauereiführung buchen.

20 Die Roßner-Stele

Der »Oskar Schindler« des Vogtlandes

Obwohl sie an einen außergewöhnlich tapferen Mann erinnert, steht die Alfred-Roßner-Stele auf dem Falkensteiner Friedhof in der Kritik. Denn für viele Einheimische ist diese Art des posthumen Ehrenerweises nicht ausreichend, und sie fordern extensivere Anerkennung für jemanden, der sein eigenes Leben für die Rettung vieler anderer aufs Spiel setzte und letztendlich hingegeben hat. Diese Forderung nach mehr Präsenz ist durchaus nachvollziehbar, da selbst das im Jahr 2022 enthüllte Ehrenmal auf dem Friedhof nicht zentral platziert ist, sondern sich abseits der gut frequentierten Hauptwege befindet.

Doch wer war nun dieser im Jahr 1906 in Oelsnitz geborene Vogtländer, der viele Jahrzehnte nach dem Zweiten Weltkrieg die Gemüter erregt?

Die ersten Lebensjahre von Alfred Roßner glichen denen vieler anderer in der damaligen Zeit. Schulbesuch in Falkenstein, anschließend eine Ausbildung zum Kaufmann, eher unspektakulär als aufregend. Zu Kriegsbeginn zwar gemustert, wurde er jedoch sofort aus gesundheitlichen Gründen ausgesondert. Doch damit war Roßner nicht den Machenschaften des NS-Regimes entkommen. Aufgrund seiner kaufmännischen Fähigkeiten wurde er von ihnen zum Treuhänder einer Textilfabrik in Polen berufen. In diesem Betrieb stellten jüdische Zwangsarbeitende Uniformen her. Da das als kriegswichtig eingestuft wurde, durfte Roßner besondere Ausweise ausstellen. Diese Dokumente schützten die für ihn Tätigen und deren Angehörige vor einer Deportation in ein Vernichtungslager. Dabei reizte Roßner seine Befugnisse mehr als aus, um so viele Menschen zu retten, wie er konnte. Eine Weile ging das gut, doch leider kam ihm 1943 die Gestapo auf die Schliche. Alfred Roßner wurde verhaftet und starb wenig später im Gefängnis in Sosnowiec (Sosnowitz).

Alfred Roßner wurde für sein couragiertes Handeln 1995 die Ehrung »Gerechter unter den Völkern« in Yad Vashem zuteil.

Adresse Alte Auerbacher Straße 29, 08223 Falkenstein | Anfahrt A 72, Ausfahrt Plauen-Ost, links auf B 173, vor Neuensalz rechts auf B 169, in Falkenstein links Auerbacher Straße, weiter bis Parkplatz am Friedhof | Öffnungszeiten Mo 9–12 und 13–16 Uhr, Di 13–16 Uhr, Mi geschlossen, Do 9–12 und 13–17 Uhr, Fr 9–12 Uhr | Tipp Der nahe gelegene Wasserturm Ellefeld am Reumtengrüner Weg gleicht einer übergroßen Schachfigur. Als schönes Fotomotiv nicht nur für schachspielende Riesen interessant.

21 Die Wettersäule

Eine historische »Wetter-App«

Für viele ist der Check des Wetters auf einem Smartphone tägliche Routine. Temperatur, Luftdruck und Regenwahrscheinlichkeit werden grafisch ansprechend serviert. An die Technik, die dahintersteckt, verschwendet selten jemand einen Gedanken. Warum auch, würden die komplexen Details, die sich in Mikrochips verstecken, doch die meisten mit großer Wahrscheinlichkeit ohnehin überfordern.

Wie auch immer, eins steht fest: In der Geschichte der Menschheit wurden in jeder Epoche große Anstrengungen unternommen, um Wetterdaten zu erheben, auch um Prognosen zu ermöglichen. Von großer Relevanz war das unter anderem für die Landwirtschaft, für das Militär und nicht zuletzt für die Schifffahrt.

Dass dem Wetter auch bei einer medizinischen Reflexion eine bedeutsame Rolle zukommt, dürfte bereits bei der Nennung des Begriffs »Wetterfühligkeit« einleuchten. Darunter wird eine Überempfindlichkeit gegenüber Witterungserscheinungen verstanden, die sich auf das Allgemeinbefinden auswirkt. Den Faktor Wetter bei einer Therapie zu berücksichtigen, liegt damit auf der Hand.

Das dachte sich auch im 19. Jahrhundert der »Verschönerungsverein Franzensbad«, dessen Mitglieder eine der schönsten Wettersäulen in Europa errichteten. Sie wurde am 15. Mai 1882 eingeweiht und befindet sich heute rund 50 Meter von ihrem ursprünglichen Standort im kleinen Park nahe des Gasbades. Auf die Worte »Hey Siri«, »Alexa« und »Okay Google« ergänzt durch die Frage »Wie wird das Wetter?« reagiert das historische Denkmal zwar nicht. Trotzdem können Kurgäste an der Wettersäule seitdem das Klima im Heilbad ablesen. Das große Barometer diente zugleich dazu, die Menge des ausströmenden Kohlendioxids an den Heilquellen zu bestimmen, die abhängig vom Luftdruck war. Und stehen die Zeiger aller analogen Messgeräte auf »Regen«, so gilt einst wie heut: Nicht klagen und verzagen, sondern lieber ein Stück Kuchen wagen.

Adresse B. Němcové 116, 351 01 Františkovy Lázně (Franzensbad), Tschechien | **Anfahrt** Autobahn D 6, Ausfahrt Route 21 in Richtung Franzensbad, links Straße Aleje, Straßenverlauf bis Franzensbad folgen, Parken in der Straße Ruská, von hier aus 10 Gehminuten durch die Fußgängerzone oder alternativ durch den Park | **Tipp** Nur einen Katzensprung von der Wettersäule entfernt befindet sich die Franzensquelle, die älteste Quelle in Franzensbad. Zusammen mit dem Pavillon, der sie überdacht, ist sie das Wahrzeichen des Kurortes.

22 Mödlareuth

Ein Dorf wird geteilt

In heutiger Zeit könnte Mödlareuth stolz darauf sein, den Spitznamen »Little Berlin« verliehen zu bekommen. Schließlich steht die Hauptstadt für kulturelle Vielfalt, Toleranz und ein pulsierendes Nachtleben. Doch der Beiname entstammt der Zeit des Kalten Krieges, als sich Ost und West waffenstarrend gegenüberstanden und argwöhnisch beäugten. Deutschland war geteilt, durch Berlin zog sich eine Mauer – so wie auch durch Mödlareuth.

Da die Alliierten bei der Aufteilung der Besatzungszonen eher willkürlich vorgingen und nicht auf Gemeindegrenzen achteten, kam es in Mödlareuth zu der Situation, dass die Demarkationslinie die Ortschaft teilte. Mödlareuth-Ost lag damit in der sowjetischen, Mödlareuth-West in der amerikanischen Besatzungszone. Und als dann 1949 die beiden deutschen Staaten gegründet wurden, gehörte der Westteil zur BRD und der östliche zum Hoheitsgebiet der DDR. In den Jahrzehnten danach wurde die Teilung durch die Errichtung von Grenzsperranlagen manifestiert und – im wahrsten Sinne des Wortes – zementiert. Was einst mit einem zehn Meter breiten Kontrollstreifen anfing, entwickelte sich über einen Stacheldraht- und Holzbretterzaun zu einer 700 Meter langen Betonsperrmauer, erbaut im Jahr 1966. Dieser »Schutzwall« konnte an Ort und Stelle nur ein einziges Mal überwunden werden. Am 25. Mai 1973 gelang einem jungen Mann die Flucht.

Am 9.12.1989 endete dann die Teilung. Beiderseits der Grenze kamen über 1.000 Menschen zusammen und feierten die Öffnung der Mauer.

In der »Gedenkstätte Mödlareuth« kann dem Leben im geteilten Deutschland nachgespürt werden. Eine weitere Möglichkeit, sich der Sache anzunähern, bietet die Fernsehserie »Tannbach«. Die Serie erzählt die fiktive Geschichte eines Dorfes, das in der Nachkriegszeit an der bayerisch-thüringischen Grenze liegt. Die Anlehnung der Story an die Gegebenheiten in Mödlareuth ist dabei offensichtlich.

Adresse 07926 Gefell-Mödlareuth | Anfahrt A 72, Ausfahrt Hof, B 2 in Richtung Töpen, folgen bis rechts Juchhöh, weiter bis links Parkplatz »Deutsch-Deutsches Museum« | Öffnungszeiten Gedenkstätte: März–Okt. Di–So 9–18 Uhr, Nov.–Feb. Di–So 9–17 Uhr | Tipp Die Erinnerungsstele im benachbarten Gutenfürst erinnert an den Grenzbahnhof zwischen den Besatzungszonen. Ab 1954 wurde der sogenannte »Interzonenverkehr« zunehmend über diesen Bahnhof geleitet und wurde dadurch zu einer hochfrequentierten Grenzübergangsstelle.

23 Bauhaus in Gera

Gropius, Klee und Kandinsky auf der Spur

Der von Walter Gropius begründete Bauhausstil polarisierte bereits, als er Anfang des letzten Jahrhunderts entstand. Selbst heute mögen die einen das schnörkellose und schlichte Design, die linearen und geometrischen Formen, den auf Funktionalität ausgelegten Minimalismus. Die, die sich nicht dafür begeistern können, beklagen oft das Fehlen von Glamour und schmückendem Zierrat.

Aber gleichgültig, in welchem Lager man sich wiederfindet, eins steht fest: Der Bauhausstil hat weltweit seine Spuren hinterlassen. So auch in Gera. Das kommt jetzt möglicherweise überraschend, da man bei der Erwähnung des Bauhausstils meist an zwei andere Städte denkt. Zum einen an Weimar, wo Gropius 1919 die Kunstschule gründete, die als Ausgangspunkt der Kunstrichtung angesehen wird. Zum anderen steht Dessau für das Bauhaus, wohin die Bildungsstätte 1925 umzog. Hier wurden Meisterstücke wie zum Beispiel der revolutionäre Clubsessel B 3 designt.

Doch so prägend beide Städte für die Geschichte des Bauhausstils sind, so läuft ihnen Gera auf architektonischer Ebene den Rang ab: Über 50 Gebäude sind als dazugehörende Denkmäler in der Stadt eingetragen. Nirgends in Thüringen finden sich mehr auf einem derart konzentrierten Raum.

Eine lange Suche ist somit nicht vonnöten, um sich auf die Spuren des Bauhauses zu begeben. Beginnen könnte man mit dem zentral gelegenen »Handelshof« in der Schlossstraße 11. Er gilt als erstes Hochhaus in der Stadt. Von hier ist es nur ein Katzensprung zur »Frauenklinik« in der Gagarinstraße 14–22. Besonders sehenswert ist auch das sogenannte »Holzhaus« in der Vollendorfer Straße 15. Und eins der bekanntesten Gebäude dürfte das »Haus Schulenburg« in der Straße des Friedens 120 sein.

Wer sich nicht allein auf Entdeckungstour begeben möchte, wählt eine geführte Tour zum Thema durch die Stadt. Zahlreiche Angebote sind im Internet zu finden.

Adresse 07545 Gera | Anfahrt A 4, Ausfahrt Gera-Langenberg, B 7/Siemensstraße in Richtung Gera, Beschilderung Innenstadt folgen, Parken zum Beispiel Parkplatz P1 am Hauptbahnhof | Tipp Im Tierpark Gera dreht die Parkeisenbahn ihre Runden. 1975 in Dienst gestellt – damals trug sie noch den Namen »Pioniereisenbahn« –, erfreut sie sich heutzutage immer noch großer Beliebtheit bei Groß und Klein.

24 Das Kaufhaus Tietz

Der Ursprung des Siegeszugs der Tomate

Einst galten Kaufhäuser als Konsumtempel. Die Menschen strömten herbei und erfreuten sich an dem riesigen Angebot. Heutzutage scheint diese Ära zu Ende zu gehen, denn immer mehr Warenhäuser müssen mangels Kundschaft schließen.

So ist es nicht erstaunlich, dass potenzielle Investoren seit Jahren einen Bogen auch um das ehemalige Kaufhaus Tietz in Gera machen. Selbst die ausgezeichnete Innenstadtlage und eine wunderschöne neoklassizistische Fassade können da nicht das Ruder zugunsten einer Neueröffnung herumreißen. Und auch die Erfolgsstory, die hier ihren Anfang nahm, wird am Mindset der Geldgeber leider kaum etwas ändern: Hermann Tietz wurde am 29. April 1837 in Posen geboren. 1882 finanzierte er als Teilhaber eine Geschäftsgründung seines Neffen Oscar Tietz in Gera. Es erhielt den sperrigen Namen »Garn-, Knopf-, Posamentier-, Weiß- und Wollwarengeschäft Hermann Tietz«. Revolutionär war, dass sie das bis dahin übliche Anschreiben abschafften und Festpreise einführten. 1904 wurde das erste Kaufhaus der Tietzes in Gera eröffnet, viele weitere in anderen Städten folgten. Die Verkaufsschlager jener Zeit waren Obst und Gemüse zu Spottpreisen. Erst so konnte sich die Tomate in Deutschland verbreiten, die bis dahin kaum jemand kannte. Am 3. Mai 1907 verstarb Hermann Tietz. Das Unternehmen blieb weiterhin in Familienbesitz, und 1913 wurde die Marke »Hertie« (**Her**mann **Tie**tz) eingetragen. Trauriges Ende dieser Unternehmensgeschichte war die Enteignung durch die Nationalsozialisten.

Während der DDR-Zeit firmierte das Kaufhaus in Gera als »Konsument Warenhaus«. Nach der Wende verkaufte zuletzt die Horten AG bis zur Schließung 2003 hier ihre Produkte.

Ende gut, alles gut? Eher wohl nicht! Daher soll ein Zitat von Oscar Wilde Hoffnung auf neuen Glanz des Kaufhauses verbreiten: »Am Ende wird alles gut! Und wenn es noch nicht gut ist, ist es noch nicht das Ende.«

Adresse Sorge 29, 07545 Gera | **Anfahrt** A 4, Ausfahrt Gera-Langenberg, Siemensstraße in Richtung Gera, Straßenverlauf folgen bis rechts Clara-Zetkin-Straße, links Amthorstraße, links Rudolf-Diener-Straße, rechts Humboldtstraße, dort parken | **Tipp** Ein unterirdischer Rundgang durch Geras Brau- und Biergeschichte wird in den »Geraer Höhler«, Nicolaiberg 3, 07545 Gera, angeboten. Im Rahmen der Führungen erhalten die Besuchergruppen faszinierende Informationen über den Höhlerbau und zum Brau- und Schankrecht.

25 Das Otto-Dix-Haus

Verismus ist keine Krankheit

Wird der Begriff »Untermhaus« in ein Schreibprogramm eingegeben, so schlägt die Autokorrektur zu und entfernt den Buchstaben M. Der Algorithmus erwartet eher Zeilen über das britische Parlament und nicht etwa einen Beitrag über das Leben eines bedeutenden deutschen Malers und Grafikers des 20. Jahrhunderts: Otto Dix.

Otto Dix wurde am 2. Dezember 1891 in »Untermhaus« geboren, einer Gemeinde, die seit 1919 zu Gera gehört. Er wuchs in ärmlichen, aber nicht bildungsschwachen Verhältnissen auf und entwickelte schon früh eine schöpferische Hingabe. Das Leben des Künstlers als »wechselhaft« zu beschreiben wäre schon fast eine Verharmlosung. Nach der behüteten Zeit in seinem Elternhaus meldete er sich als junger Mann zur Waffe und kämpfte im Ersten Weltkrieg. Zahlreiche Gemälde entstanden, geprägt von ungeschönter Ehrlichkeit, die im Werk »Der Krieg« gipfelte, einem der eindrücklichsten Antikriegsbilder des 20. Jahrhunderts. Während der Weimarer Republik unterrichtete Dix unter anderem an der Kunstakademie in Düsseldorf. Die Nationalsozialisten diffamierten ihn später als einen »entarteten Künstler« und belegten ihn mit einem Berufsverbot. Doch auch diese dornenreichen Zeiten brachen Otto Dix nicht. Nach dem Zweiten Weltkrieg setzte er seine künstlerische Karriere fort, unterrichtete erneut und wurde von beiden deutschen Staaten hoch geschätzt. Er verstarb am 25. Juli 1969.

Dix war ein herausragender Vertreter des »Verismus« (Abbildung der sozialen Wirklichkeit) und der »Neuen Sachlichkeit«. Um sich davon selbst einen Eindruck zu verschaffen, lohnt sich ein Ausflug ins Otto-Dix-Haus. Es ist das Geburtshaus des Künstlers, in dem sich gegenwärtig eine Museumsausstellung thematisch seinem Schaffen widmet.

Und ja, es gilt auch hierbei, die Autokorrektur zu überlisten. Denn dieses Haus steht, wie nicht anders zu erwarten war, im Stadtteil »Untermhaus«.

Adresse Mohrenplatz 4, 07548 Gera | **Anfahrt** A 4, Ausfahrt Gera-Langenberg, Siemensstraße in Richtung Gera folgen bis rechts Leibnitzstraße, dann rechts Schillingstraße, links Untermhäuser Straße, rechts Wasserstraße, links Auenweg, Parkplatz am Auenweg nutzen | **Öffnungszeiten** Mo geschlossen, Di–So 11–17 Uhr | **Tipp** Auf der anderen Flussseite – fußläufig vom Otto-Dix-Haus leicht zu erreichen – wird in der Orangerie die Kunstsammlung der Stadt Gera präsentiert. Neben weiteren Werken von Otto Dix gehören Gemälde, Druckgrafiken, Zeichnungen und Plastiken vom Mittelalter bis zur Gegenwart zum Inventar.

26 Die 12 Apostel

Das vogtländische Stonehenge

»Die zwölf Apostel« beziehen sich in der christlichen Tradition auf die zwölf Jünger von Jesus Christus, die von ihm ausgewählt wurden, um seine Lehren zu verbreiten. Einige von ihnen sind echte »Berühmtheiten« geworden und allseits bekannt. Dazu gehört neben Petrus, der als erster Bischof von Rom gilt, sicherlich auch Judas, der Jesus an die Römer für 30 Silberlinge verraten hat. Der Kuss, den er Jesus auf die Wange drückte, ist als »Judaskuss« in die Geschichte eingegangen und mit einer heuchlerischen Freundlichkeit gleichzusetzen. Im deutschsprachigen Raum ist der Name »Judas« sogar derart negativ konnotiert, dass er von deutschen Standesämtern abgelehnt werden kann.

Einen solch hohen Stellenwert für das Christentum haben die 12 Apostel in Geroldsgrün nun nicht gerade. Nichtsdestoweniger hatten sie in der Vergangenheit durchaus auch eine Botschaft zu verkünden.

Die geheimnisumwitterten Diabassteine stehen auf einer Anhöhe wie auf einer Perlenkette aufgereihte Straußeneier. Über das Alter streitet sich die Wissenschaft. Manche Gelehrte vertreten die Ansicht, dass die Apostel bereits 5.000 Lenze erlebt haben. Andere sind der Meinung, Christen hätten sie im Mittelalter gesetzt. Dann gibt es noch diejenigen, die aus den neuzeitlichen Bearbeitungsspuren eher ein jugendliches Alter herauslesen.

Neben dem Rätsel über ihr Alter werden auch hinsichtlich der Funktion Überlegungen angestellt. Eine mögliche Erklärung: Mit Einführung des Ackerbaus wurden die Tag-und-Nacht-Gleichen wichtig. Denn sie bestimmten den Zeitpunkt für die Aussaat und die Ernte. Und tatsächlich kann genau das aus dem Schattenwurf der Apostel abgelesen werden. Demgegenüber könnte die Steinreihe auch nur eine ehemalige Weidebegrenzung sein. Vermutlich liegt die Wahrheit irgendwo dazwischen. Daher: Wer den Aposteln einen Besuch abstattet, kann seiner Phantasie freien Lauf lassen und selbst mutmaßen.

Adresse 95179 Geroldsgrün-Langenbach | Anfahrt A 9, Ausfahrt Naila / Selbitz, B 173 in Richtung Naila, Straßenverlauf folgen, rechts Geroldsgrüner Straße, Straßenverlauf bis hinter Geroldsgrün folgen, dann halb rechts Dorfstraße in Richtung Steinbach, Straßenverlauf durch Steinbach folgen, im Ort halb links auf Langenbacher Straße, weiter bis Langenbach, im Ort links Dürrenwaider Straße, dort parken, von hier circa 10 Minuten zu Fuß, Ausschilderung »12 Apostel« folgen | Tipp Wer sich mit exklusiven Schreibgeräten eindecken möchte, macht einen Abstecher zum Faber-Castell-Shop am Werk Geroldsgrün. Adresse: Faber-Castell-Straße 15, 95179 Geroldsgrün

27 Die Jugendstilarchitektur

Zeugen der Belle Époque in Greiz

Geschwungene Linien, üppige Schnörkel und florale Ornamente: Der Jugendstil erlebte seine Blütezeit um 1900 und galt damals als junge, moderne und originelle Bewegung. Benannt nach der 1896 erstmals erschienenen Münchner Zeitschrift »Jugend«, fand der Jugendstil seine Inspiration in Mutter Natur. Blätter, Ranken, Blüten und Tiergestalten verleihen der Stilrichtung ihren verspielten Charme. Eines der wichtigsten Motive ist die Frau, oftmals mit wallenden Haaren dargestellt, verkörperte sie das Ideal von Harmonie und Schönheit.

Der Jugendstil ist aber nicht nur in der Kunst oder im Möbeldesign zu finden, er wirkte sich auch auf die Architektur aus. Auch wenn die Epoche nur etwa 20 Jahre währte, hat sie viele Spuren hinterlassen.

Die thüringische Stadt Greiz steckt voller Zeugen dieser Kunstperiode. Die architektonischen Schätze im Jugendstil können bei einem Spaziergang durch die Stadt entdeckt werden, hierzu kann man einen Flyer der Tourist-Information Greiz downloaden. Ein wahrer Hingucker ist beispielsweise das Eckhaus in der Burgstraße 8, wo ein großes farbiges Mosaik eines Gürtlers an der Fassade prangt. In der Markt- und Thomasstraße lohnt es sich, den Blick nach oben zu richten, um die ornamentalen Details an den Gebäuden auszumachen – etwa eine Eule, die eine schlafende Frau bewacht, oder eine männliche Maske mit einem Drachen als Kopfschmuck. Wer auf der Suche nach einer jugendstilistischen Kulisse für sein Selfie ist, wird in der Thomasstraße 17 fündig. Hier »posiert« ein in ein blaues Jackett gekleideter Herr und lächelt die Passanten schelmisch von der Fassade herab an. Die Figur des »Tunnelwappens« – bis 1949 gab es hier das Gasthaus »Zum Tunnel« – wurde vermutlich um 1906 angebracht und ziert den Erker des Hauses. Eine Ähnlichkeit zum Konterfei der ehemaligen Berliner Satirezeitung »Kladderadatsch« ist nicht von der Hand zu weisen.

Adresse 07973 Greiz | **Anfahrt** A 72, Ausfahrt Reichenbach, B 94 in Richtung Reichenbach, Straßenverlauf folgen bis Greiz bis zum Parkplatz Elsterufer | **Tipp** Der Röhrenbrunnen auf dem Kirchplatz, der um 1820 erbaut wurde, ist der einzige erhaltene Brunnen aus dem alten Greiz. Zu Ostern wird dieser von circa 2.000 textil gestalteten Ostereiern zu einem farbenprächtigen Osterbrunnen verwandelt.

28 Das Obere Schloss

Belagert von 7,5 Zentimeter großen Rittern

Das Obere Schloss in Greiz trägt seinen Namen zu Recht: Weithin sichtbar thront die imposante Anlage auf einem Felsen über der Stadt. Die Reußen der älteren Linie fühlten sich hier derart gut behütet, dass sie das Schloss bis 1809 zum Residenzsitz kürten. Dabei hinterließen die Fürsten je nach gerade vorherrschender architektonischer Vorliebe einen bunten Mix an Stilrichtungen. Ob wuchtige Romanik, Gotik, Renaissance, Barock oder verspieltes Rokoko: Das Gebäude ist ein wahres Potpourri der Epochen.

Heutzutage präsentiert hier ein Museum eine Vielzahl von Exponaten, darunter historische Möbel, Gemälde und eine Porzellansammlung. Interessierte sollten aber selbst bei guter Kondition nicht die Treppen benutzen. Denn der Aufzug ist zugleich eine Zeitmaschine, die sich niemand entgehen lassen darf.

Das ist jedoch nicht die einzige Überraschung, die das Museum bereithält. Im Gewölbe stößt man plötzlich auf eine Horde von 7,5 Zentimeter »großen« Winzlingen. Angesichts ihres Lächelns und der Kulleraugen dürfte rasch klar sein, keinen Burggeisterchen oder gehässigen Kobolden gegenüberzustehen. Allerdings werden solche Assoziationen vermutlich ohnehin nicht aufkommen, denn dafür sind die kleinen Gestalten einfach zu prominent: Es sind Playmobilfiguren.

Auch wenn sie zum Spielen einladen, so dienen sie hier im Oberen Schloss einem weiteren Zweck. Sie sollen – wie auch die Büste, auf die sie »aufpassen« – die Lebensleistung eines Mannes ehren, der am 6. Mai 1929 in Greiz geboren wurde: Hans Beck, der Erfinder der Figuren. Eine Auflistung der Eckdaten dieser Erfolgsgeschichte erübrigt sich, denn die Allgegenwart von Playmobil spricht für sich. Es dürfte kaum ein Kinderzimmer geben, in dem nicht ein Produkt aus Zirndorf zu finden ist. Das spricht ausreichend Bände über das geniale Spielzeug, das dem Einfallsreichtum des »Greizer Kindes« Hans Beck zu verdanken ist.

Adresse Oberes Schloß 1, 07973 Greiz | **Anfahrt** A 72, Ausfahrt Reichenbach, B 94 in Richtung Reichenbach, Straßenverlauf folgen bis Greiz bis zum Parkplatz Elsterufer | **Öffnungszeiten** Di – So 10 – 17 Uhr | **Tipp** In der Franz-Feustel-Straße 12 in Greiz befindet sich ein privat geführtes DDR-Spielzeugmuseum. Ein Besuch ist nach telefonischer Absprache möglich (www.lunalight.de).

Hans Beck

Die Büste zeigt Hans Beck, den „Vater" der Playmobil-Figuren.
Sie wurde in der „Ideenwerkstatt" im deutschen Pavillon bei der EXPO 2000 in Hannover ausgestellt. Die Gestalter der EXPO setzten die Büste ins rechte Licht:
Getragen von drei großen Playmobil-Figuren wurde das Lebenswerk des Erfinders der beliebten Männchen geehrt.

29 Die versteckte Kuppel

Das Mysterium von Greiz

Das Wort »Kuppel« leitet sich vom lateinischen »cupula« ab, was wörtlich übersetzt »kleine Tonne« bedeutet. Bei Gebäuden ragen sie meist hoch hinaus und sind so das dominierende Architekturmerkmal. Und nicht nur von außen dienen Kuppeln als Blickfang. Über Jahrhunderte hinweg verewigten sich Kunstschaffende mit prachtvollen Werken auf den Innenflächen.

Auch in Greiz – der ehemaligen Residenzstadt des Fürstentums Reuß älterer Linie – gibt es ein derartiges Schmuckstück zu bewundern. Es befindet sich im Treppenhaus des unteren Schlosses. Nach einem Brand wurde der östliche Seitenflügel im Jahr 1809 zwar im klassizistischen Stil neu errichtet. Jedoch wurde das dazugehörige Treppenhaus später, bei der Erweiterung der Anlage um das Ida-Palais um 1885, dem Neubau entsprechend im Stil der Gründerzeit umgestaltet.

Seitdem können entsprechende Stildetails entlang der Wendeltreppe entdeckt werden. Allerdings stellt das Kunstwerk in der Kuppel alles in den Schatten. Deren Innenfläche ist in zwölf Felder aufgeteilt und zeigt eine sinnbildliche Darstellung der zwölf Kalendermonate. Für jeden dieser Monate ist eine Putte abgebildet. Die Gegenstände, die die pausbackigen Kindergestalten in den Händen halten, symbolisieren die Tierkreiszeichen. Besucherinnen und Besucher dürfen somit rätseln, welche Figur zum eigenen Sternzeichen gehört, bevor sie weiter durch die wunderschönen Räume des Prunkbaus wandeln.

Das eigentliche Geheimnis der Kuppel im Treppenhaus offenbart sich aber erst bei der Außenbetrachtung des Schlosses. Die Dächer der Flügel werden von einem Turm mit Zwiebelkuppel überragt. Allerdings befindet sich das Kuppelgemälde nicht darin, wie man eventuell vermuten könnte. Aber wo ist es denn dann zu finden? Lange Rede, kurze Suche: Die Kuppel im Treppenhaus ist von außen nicht zu sehen. Sie ist baumeisterlich gekonnt ins Gebäude integriert worden.

Adresse Burgplatz 12, 07973 Greiz | Anfahrt A 72, Ausfahrt Reichenbach, B 94 in Richtung Reichenbach, Straßenverlauf folgen bis Greiz bis zum Parkplatz Elsterufer | Öffnungszeiten April–Sept. Mo geschlossen, Di–So 10–17 Uhr, Okt.–März Di–So 10–16 Uhr | Tipp In der mehrfach mit Preisen ausgezeichneten Fleischerei Ulrich Oehler am Marktplatz können nicht nur Thrüringer Rostbratwürste und andere feine Wurstwaren nach Art des Hauses eingekauft werden. Für den kleinen Hunger werden auch vor Ort an der »heißen Theke« preiswerte Speisen bereitgehalten.

30 Der Moosmann

Kleiner Kerl, großes Herz

Liebenswert grimmige Nussknacker und qualmende Räuchermännchen aus dem Erzgebirge sind traditionelle Figuren der Weihnachtszeit, die auch im benachbarten Vogtland schon lange heimisch geworden sind. Die Vogtländer haben zudem eine ganz eigene Weihnachtsfigur, die der Sagenwelt entstammt und die weihnachtlichen Wohnstuben schmückt. In den Wäldern zwischen Falkenstein und Schöneck hauste der Moosmann gemeinsam mit seinem Moosweibel. Der winzige Gefährte, der gerade mal drei Fuß hoch war, ernährte sich von Wurzeln und Früchten des Waldes. Sein Kleid bestand aus Moos und Tannenzweigen. Sie bewohnten Erdlöcher, Höhlen und versteckten sich unter Baumstöcken. Wenn der gefürchtetste Feind der Moosleute, der wilde Jäger, mit seiner lauten Meute durch die Gegend brauste, mussten sie äußerst wachsam sein. Doch es existierte ein Trick, um sich zu schützen. Genau drei Kreuze mussten an jene Baumstümpfe geschlagen werden, und die Gefahr war gebannt. Den Menschen freundlich gesinnt, belohnte der Moosmann gute Taten mit drei Handvoll Laub, die sich in pures Gold verwandelten.

Wenn die Vogtländer früher in den Wintermonaten am prasselnden Herdfeuer saßen, erzählten sie sich die Sagen des Moosmannes, und es wurde der Brauch gepflegt, Moosmännel zu basteln. Die ersten schriftlichen Beweise für diese Figuren stammen aus dem Jahr 1840. Um 1900 tauchten die sagenumwobenen Gestalten als Jäger oder Förster auf, mit Kerzen und Wurzelstöcken geschmückt. Einige der faszinierenden geschnitzten Figuren haben bis heute überlebt und lassen sich im Heimatmuseum Falkenstein bestaunen, das eine umfangreiche Sammlung von Moosmännern und Moosweiblein beherbergt. In Grünbach ziert zur Adventszeit ein 2,80 Meter hoher Moosmann die Dorfmitte und begrüßt alle Vorbeikommenden. Sollte sich der wilde Jäger hierher verirren – die Schnitzgruppe des Ortes hat die drei Kreuze natürlich nicht vergessen!

Adresse 08223 Grünbach | Anfahrt A 72, Ausfahrt Plauen-Ost, dann B 173 in Richtung Neuensalz, rechts auf B 169 bis Falkenstein, im Ort auf die Mozartstraße, dann rechts auf Dr.-Wilhelm-Külz-Straße, Straßenverlauf folgen, in Grünbach Ecke Falkensteiner Straße/Neustädter Straße | Öffnungszeiten Die Figur des Moosmannes wird zur Weihnachtszeit ausgestellt. | Tipp In Grünbach von der Falkensteiner Straße/Ecke Waldstraße führt ein Weg vorbei an einer Kleingartenanlage zum Schwarzen Stein, einem Felsmassiv mit einer pittoresken Felsnadel. Der Sage nach hat der Moosmann an dieser Stelle einen Mönch in Stein verwandelt, der Fels ist daher als »versteinerter Mönch« bekannt.

31 Die Muldenbergtalsperre

Wer Sprengstoff »sät«, wird Wasser »ernten«

Der Zweite Weltkrieg war erst wenige Tage zu Ende, da erschütterte am 13. Mai 1945 eine Explosion Muldenberg, eine Ortschaft im sächsischen Südosten. Was war das für ein Getöse? War der junge Frieden bereits wieder vorbei? Griffen Bomber an? Dazu später mehr.

Mit einer 525 Meter langen Mauerkrone, über die ein breiter Weg führt, ist die Muldenbergtalsperre die längste Sachsens. Seit 1925 staut sie hier das Fließgewässer an. Die gut 21 Meter hohe Bruchsteinmauer stemmt sich dabei allein mit ihrem Gewicht gegen den Wasserdruck. Die Konstruktion basiert auf einer Idee des Ingenieurs Otto Intze, welche als Intze-Prinzip bekannt wurde. Obwohl diese Leitlinie heutzutage als veraltet gilt, war sie damals »state of the art«. Zahlreiche Talsperren in Deutschland wurden danach errichtet. So zum Beispiel auch die Möhne- und die Edertalsperre, die tatsächlich im Zweiten Weltkrieg durch Bombenangriffe zerstört wurden.

Doch am besagten Tag im Mai fielen keine Bomben auf Muldenberg. Trotzdem wurde die Mauer durch eine Detonation zerstört, und der Stausee lief binnen sechs Tagen leer. Die amerikanischen Besatzer waren auf die glorreiche Idee gekommen, sich der überschüssigen Munition der Wehrmacht in der Talsperre zu entledigen. Dazu wurden deutsche Kriegsgefangene rekrutiert. Praktischerweise warf man die Granaten direkt von der Mauerkrone ins Wasser. Dann geschah das, was eigentlich vorherzusehen war: Das angehäufte TNT explodierte und riss nicht nur ein riesiges Loch in die Mauer, sondern auch zwölf Kriegsgefangene und einen G.I. in den Tod. Ein Gedenkstein eingangs des Muldenwegs unweit des östlichen Endes der Staumauer erinnert an die Opfer.

Die Muldenberger dagegen hatten mehr Glück. Ihre Häuser lagen höher als der Talgrund und wurden von den Wassermassen verschont. So führte die Torheit der Besatzer Gott sei Dank nicht zu weiteren Leidtragenden.

Adresse Klingenthaler Straße, 08223 Grünbach-Muldental | Anfahrt A 72, Ausfahrt Plauen-Ost, dann B 173 in Richtung Neuensalz, rechts auf B 169 bis Falkenstein, im Ort auf die Mozartstraße, dann rechts auf Dr.-Wilhelm-Külz-Straße, Straßenverlauf bis Ende folgen, rechts auf S 302 in Richtung Muldenberg bis zum Parkplatz an der Staumauer | Tipp Ein Spaß für Groß und Klein ist der Flößerpark inmitten Muldenbergs. Gerätschaften und Werkzeuge der historischen Flößerei werden ausgestellt, Schautafeln informieren die Besucher, und mit einem Kinderfloß kann der Dorfteich überquert werden.

32 Die Autobahnbrücke

Eine deutsch-deutsche Posse und ein Hakenkreuz

Aus Bayern kommend führt kurz hinter Rudolphstein auf der A 9 ein geschichtsträchtiges Bauwerk über das Saaletal. Ein braunes Hinweisschild weist es als »Brücke der deutschen Einheit« aus.

Die Widmung stammt zwar aus neuerer Zeit, doch dass diese Überführung »vereint«, erkannten schon die Erbauer. »Gaue verbinden« titelten die Nationalsozialisten damals. Den markigen Worten ließen sie Taten folgen und schlugen mittels acht Rundbögen eine fast 300 Meter lange Betondecke über das Saaletal. Allerdings dürften nicht viele KDF-Fahrzeuge darübergerollt sein, denn der Zweite Weltkrieg ließ keine Reiseträume mehr zu. Am 13. April 1945 wurde die Brücke schließlich gesprengt und war in den folgenden 21 Jahren nicht passierbar.

Erst 1964 einigten sich beide deutsche Staaten über einen Wiederaufbau, denn zumindest verkehrstechnisch sollte eine neue »Einheit« hergestellt werden. Daraus entwickelte sich eine Posse der besonderen Art. Westdeutschland zahlte für den Aufbau 5,5 Millionen DM. Das kundzutun war allerdings ein Tabu, denn die Mächtigen in der DDR wollten den ganzen Ruhm für sich. Deswegen durften nur ostdeutsche Arbeiter auf der Baustelle werkeln. Zu allem Überfluss musste die BRD die Baustelle mittels eines Bretterzauns absichern, und das auf eigenem Hoheitsgebiet! Trotz dieser und weiterer unrühmlicher Umstände wurde die rekonstruierte Brücke 1966 dem Verkehr übergeben.

Nach der deutschen Einheit wurde neben der alten Rundbogenbrücke eine neue aus Spannbeton erbaut. Seitdem rollt der Verkehr sechsspurig über das Tal. Leider aber wurde dabei nicht das Hakenkreuz an einem der alten Pfeiler beseitigt. Der Versuch wurde zwar gestartet, doch misslang kläglich. Ob das mit oder frei von böser Absicht geschah, sei dahingestellt. Doch stellt sich die Frage, warum bisher niemand abermalig losgeschickt wurde, um die unrühmliche Kennzeichnung endlich zu entfernen.

Adresse Autobahn A 9, 07927 Hirschberg | Anfahrt A 9, Ausfahrt Rudolphstein, Panoramastraße in Richtung Rudolphstein, am Ende der Straße rechts auf Sparnberger Straße, Straßenverlauf folgen und Saale überqueren, parken im Ort und Wanderung über den Kolonnenweg bis zur Autobahnbrücke | Tipp Aus Richtung Nürnberg kommend spannt sich kurz vor der Autobahnbrücke das »Brückenrasthaus Frankenwald« über die A 9. Im Jahr 1967 wurde es als erste Brückenraststätte Deutschlands in Betrieb genommen und bot damals einen Blick auf die innerdeutsche Grenze.

33_Der Hängesteg

Im Zickzack an der Felswand entlang

Besucht man die an der Saale gelegene Stadt Hirschberg, dann deutet nur noch wenig darauf hin, dass hier einst gegerbte Tierhäute die Menschen in Lohn und Brot brachten. Zeitweise waren bis zu 1.500 Mitarbeitende in der Fabrik »Heinrich Knoch AG« tätig, die zu Beginn des 20. Jahrhunderts die größte Produktionsstätte in Deutschland für Sohlenleder war. Und auch nach dem Zweiten Weltkrieg ging es damit weiter. Obwohl 1946 rund 70 Prozent der Anlagen für Reparationsleistungen an die Sowjetunion demontiert wurden, stellten rund 900 Beschäftigte der VEB Lederfabrik bis zur Wende weiterhin hochwertiges Leder her. Leider musste 1993 der letzte Betrieb Konkurs anmelden. Damit endete zugleich die jahrhundertealte Tradition dieses Wirtschaftszweiges in Hirschberg. Zurück blieben das Museum für Gerberei- und Stadtgeschichte, in dem die Historie der Lederherstellung bewahrt wird, und die ehemalige Fabrikantenvilla, die eine musikalische Bildungsstätte beheimatet.

Heutzutage ist Hirschberg insbesondere bei Erholungssuchenden sehr beliebt. Die Region bietet eine Vielzahl an Möglichkeiten für Radfahrende, Wintersporttreibende und Wandernde. Gerade Letztgenannte sollten sich nicht die Tour entgehen lassen, die über das hoch über der Stadt thronende Schloss, der 30 Meter langen »Saalebänk« bis zum Aussichtspunkt »Saaleblick« führt. Von hier aus schweift der Blick von Thüringen aus ins benachbarte Bayern auf der anderen Uferseite.

Ein besonderes Schmankerl hält der Rückweg bereit. Dafür muss der Weg hinunter zur Saale gewählt werden. Schon nach kurzer Zeit erreicht man dabei den Hängesteg, eine Stahl-Holz-Konstruktion, die sich an den Fels anschmiegt. Nachdem es zu DDR-Zeiten aufgrund der Grenzgebietslage verboten war, sich hier am Ufer des Flusses und in den Wäldern am Hang – dem sogenannten Hag – aufzuhalten, gelangt man inzwischen über den Steg gefahrlos zurück zur Altstadt.

Adresse Brauhausgasse, 07927 Hirschberg | Anfahrt A 9, Ausfahrt Rudolphstein, Panoramastraße in Richtung Hirschberg, Straßenverlauf folgen bis links Tiefengrüner Straße, weiter bis über die Brücke über die Saale, dahinter rechts Saalgasse, Straßenverlauf folgen bis halb rechts in Brauhausgasse, bis zum Ende durchfahren und dort parken | Tipp Zum Sprung über die Saale ist das Wahrzeichen der Stadt – ein stolzer Hirsch – bereit. Unterhalb der Südseite des Schlosses nimmt er auf einem Felssporn Anlauf.

34 Der Bürgerpark

Wo schon Goethe wandelte

Was stellt man mit einem aufgrund des Holzbedarfs im Siebenjährigen Krieg kahl gerodeten Hügel an? Mit dieser Frage plagten sich die Hofer Anfang des 19. Jahrhunderts herum. Schön ist anders, dachten sie und machten sich – ganz nach dem Motto »Nicht reden, sondern machen« – daran, die grausliche »Land-Glatze« zu verschönern.

Der Startschuss dafür erfolgte 1819. Zunächst stand die Aufforstung an. Als das erledigt war und sie nach dem Tagwerk bei einem Bier beieinanderstanden, dachten sie sich: So ein Sonnentempel wäre doch jetzt auch etwas Feines. Gesagt, getan. Und einmal losgelegt, fanden sie bis heute kein Ende. Das ist wenig verwunderlich, denn es ist *ihr* Park, den sie verschönern. Und das nicht nur, weil sie stets selbst tatkräftig mit anpackten, sondern auch, weil der Park dank Grundstücksschenkungen reicher Bürger stetig erweitert werden konnte.

So kam schon 1832 ein wunderschönes Wirtschaftsgebäude im klassizistischen Stil hinzu. Es folgten unter anderem: Aussichtspavillons, Kinderspielplätze und Springbrunnen. Auch ein Biergarten fehlt nicht. Und von der Labyrinth-Ruine am höchsten Punkt des Parks haben alle eine gute Aussicht. Keine Frage: Der Park trägt seinen Namen zu Recht.

Allerdings fuhren die bayerischen Landsleute vergangener Tage auf ihr Königreich Bayern derart ab, dass sie sich einen huldvolleren Namen als Ergänzung wünschten. Während sie noch darüber nachgrübelten, sagte sich hoher Besuch an: Königin Therese von Bayern rollte mit ihrer Kutsche am 22. August 1836 heran und bezauberte mit gravitätischem Winken die ihr zujubelnden Menschen. Therese ließ es sich natürlich nicht nehmen, dem Park einen Besuch abzustatten. Voll des Lobes reiste sie kurz darauf wieder ab. Während das Klappern der Pferdehufe in der Ferne verhallte, stand für die Hofer fest: Der Königin zu Ehren soll der Bürgerpark den Zweitnamen »Theresienstein« erhalten.

Adresse Theresienstein 1, 95028 Hof | **Anfahrt** A 72, Ausfahrt Hof, B 2 in Richtung Hof, in Hof links B 173, rechts auf Parkplatz Krematorium | **Tipp** Der Zoologische Garten befindet sich in direkter Nachbarschaft des Parks. Er ist der einzige Zoo in Oberfranken. Weitere Informationen auf der Website des Zoos: www.zoo-hof.de.

35 Der Meinel-Biergarten

Hopfen und Malz, Gott erhalt's!

Das Feierabendbier ist gesünder als gedacht. Gemäß einer portugiesischen Studie der Nova University in Lissabon regen die im goldenen Gebräu enthaltenen Stoffe die Darmmikroben an. Diese winzigen Aktivisten senken ganz nebenbei das Risiko für Diabetes und Herzkrankheiten. Da allerdings schon geringe Mengen Alkohol am Tag schädlich sind, gilt auch hier das, was der Schweizer Arzt Paracelsus bereits im 16. Jahrhundert feststellte: »Alle Dinge sind Gift, und nichts ist ohne Gift. Allein die Dosis macht, dass ein Ding kein Gift ist.« Vermutlich hätte der weise Naturphilosoph aber rasch jegliche Bedenken über Bord geworfen, hätte er im gemütlichen Biergarten der Brauerei Meinel-Bräu Platz genommen und eine vorzüglich gebraute Hopfenkaltschale getrunken.

Hier, im »Meinel's Bas«, einer der ältesten Schankwirtschaften in Hof, verköstigen durstige Kehlen bereits seit vielen Jahrzehnten Bier. Der Name des Hauses geht auf die beliebte Wirtin Kunigunda Barbara Meinel zurück, die im 19. Jahrhundert in die Brauereifamilie einheiratete und deren Herzensgüte von den Gästen sehr geschätzt wurde. Jeder fühlte sich bei ihr, als wäre man ein Angehöriger. Das brachte ihr den Namen »Meinel's Bas« ein. Das Wort »Bas« geht auf »Base«, somit »Cousine«, zurück.

Kunigunda verstarb im Jahr 1863, doch vergessen wurde sie bis heute nicht. Und dass es so bleibt, dafür sorgt eben auch die nach ihr benannte Gaststätte.

Verschiedene Biere der Meinel-Bräu-Brauerei, die auf der anderen Uferseite der sächsischen Saale die Kupferkessel einheizt, werden im größten Natur-Biergarten der Region ausgeschenkt. An schönen Tagen steppt unter den riesigen Sonnenschirmen der Bär. Dann sind alle 500 Plätze belegt, der Grill raucht, ab und an spielt die »Musi« auf. Selbstverständlich werden auch fränkische Spezialitäten angeboten. Aber in alter bayerischer Tradition dürfen Speisen auch mitgebracht werden.

Adresse Vorstadt 13, 95028 Hof | **Anfahrt** A 72, Ausfahrt Hof, B 2 in Richtung Hof, in Hof links Schleizer Straße, Straßenverlauf folgen bis Meinel's Bas auf der rechten Seite | **Öffnungszeiten** täglich 9 bis 24 Uhr, geschlossen am 24.12. und 1.1., 31.12. ab 18 Uhr geöffnet, 30.4. bis 17 Uhr, 25.12. und 26.12. bis 15 Uhr | **Tipp** Ein vielseitiges und abwechslungsreiches Programm bietet das Theater in Hof (www.theater-hof.de).

36 Der Wärschtlamo

Lecker, die Wiener

Seine charakteristische Kleidung ist eine »lederna Jubbm«. Darüber trägt er eine »weisa Scherzn«, auf dem Kopf die flache »Patschkappn«, über der Schulter von einem Band gehalten einen Messingkessel, über einem Arm den Korb »voller Laabla«. Fertig ist der »Wärschtlamo«. Wer sich unter diesem Begriff nichts vorstellen kann, der wird wohl noch nie in Hof zu Gast gewesen sein. Denn dort gehören die Wärschtlamos – die Wurstverkäufer – zum Stadtbild.

Dieser Vertrieb über die wohl kleinste Theke der Welt hat Tradition in Hof. Bei der Durchsicht des Gewerberegisters stößt man 1871 auf einen gewissen Johann Albrecht Sandner. Dieser hat sich ordnungsgemäß als Wursthändler eintragen lassen. Nach ihm kamen viele andere, die es ihm gleichtaten, vor ihm allerdings sind keine gelistet. Somit gebührt Sandner die Ehre, der Erste in Hof gewesen zu sein, der die Wurst verzehrfertig zu den Kunden getragen hat.

Seitdem sind die Wärschtlamos aus den Straßen von Hof nicht mehr wegzudenken. Einen besonderen Geschmack erhalten ihre »Wärschtla« durch die Art ihrer Zubereitung. Anders als normalerweise üblich werden sie in Dampf erhitzt. Das bietet zugleich den Vorteil, dass der Wurstkessel relativ leicht ausfallen kann. Und vielleicht war es wiederum diese bautechnische Eigenschaft, die es ermöglichte, dass in der langen Geschichte des Wurstverkaufens auch einige »Wärschtla-Fraan« auftauchten. Sie priesen dann ebenso wie ihre Kollegen ihre Ware mit dem Ausruf an: »Haaß senn sa – kolt wern sa«, was bedeutet: »Heiß sind sie – kalt werden sie.«

Und wenn am Abend der letzte Ausruf in den Gassen verhallt und die Bürgersteige hochgeklappt werden, dann hält ein Wärschtlamo in Form einer steinernen Skulptur am Sonnenplatz die Stellung. Eine echte heiße Wurst nebst »Laabla« – Brötchen – hält er nicht bereit. Dafür aber stört er auch nicht die Nachtruhe, um seine Ware anzupreisen.

Adresse Sonnenplatz 2, 95028 Hof | Anfahrt A 72, Ausfahrt Hof/Töpen, B 2 in Richtung Hof, links Luitpoldstraße, weiter bis zum Sonnenplatz | Tipp Hof zum Fühlen, Sehen und Begreifen. Eingangs der Altstadt, nur wenige Meter von der Skulptur des Wärschtlamo entfernt, befindet sich ein schön gestaltetes Tastmodell der Stadt.

37__Die Hofkäserei

Wo Rauch ist, ist auch … schon mal Käse

Die Geschichte der Käseherstellung umfasst einen Zeitraum von mehreren Jahrtausenden. Es wird vermutet, dass einem aufmerksamen Urahn vor rund 8.000 Jahren auffiel, dass die Milch, die er in einem Tiermagen aufbewahrte, sich nach einiger Zeit verwandelt hatte. Schuld daran war ein Enzym, das die Milch gerinnen ließ. Anstatt die andersartige Milch angewidert fortzuwerfen, probierte der Urahn das Resultat – und genoss so den allerersten Käse der Welt.

Einem Zufall und der Neugierde verdankt die Menschheit somit eines der deliziösesten Lebensmittel überhaupt. Fortan war der Siegeszug des Milchproduktes nicht mehr aufzuhalten. Im Laufe der Zeit entwickelten verschiedene Kulturen ihre eigenen Herstellungsmethoden, was zu einer beeindruckenden Käsevielfalt auf der ganzen Welt führte.

Inzwischen hat jede Region ihre eigenen traditionellen Sorten. Dabei dürften Gouda, Emmentaler und Chester noch für die breite Masse leicht und eindeutig lokal zuzuordnen sein. Schwieriger wird es dann aber sicherlich bei dem Rauchkäse. Tirol? Steiermark? Oder das Vogtland?

Wer jetzt beim Lesen der letztgenannten Region überrascht die Augenbrauen hochzieht, der sollte einen Abstecher zum Hofladen der Käserei Büttner unternehmen. Seit 2009 stellen die drei Brüder Andreas, Christfried und Matthias Büttner in einem ehemaligen Hohenleubener Bauernhof Rauchkäse von ausgezeichneter Qualität her. Ob mit Knoblauch verfeinert, mit Chili geschärft oder mit Kräutern gewürzt: Das rauchige Aroma dominiert.

Wer es geschmacklich unaufdringlicher angehen möchte, kommt in dem Hofladen trotzdem nicht zu kurz. Es gibt auch Camembert, Rotwein- und Schwarzbierkäse aus eigener Herstellung, um nur einige Alternativen aufzulisten. Und wer schließlich noch den delikaten, fast schon cremigen Hirtenkäse im Glas probiert, der wird spätestens dann ein neuer Stammkunde des Hofladens werden.

Adresse Oststraße 2, 07958 Hohenleuben | **Anfahrt** A 4 bis Autobahnkreuz Gera, weiter auf B 2 und B 92, Straßenverlauf über B 92 folgen bis rechts L 1083, weiter bis Ortseingang Hohenleuben, dann links Oststraße | **Öffnungszeiten** Mo–Fr 8.30–11.30 und 13–18 Uhr, Sa 8.30–12 Uhr | **Tipp** Im rund zehn Kilometer entfernten Kulturhof Zickra widmen sich Menschen weitab vom Alltagstrott einer künstlerischen oder handwerklichen Tätigkeit. Darüber hinaus gibt es ein breit gefächertes Angebot an Veranstaltungen, und ein Hofcafé lässt kulinarische Genüsse nicht zu kurz kommen (www.kulturhof-zickra.de).

38__Brehms Welt

Hommage an den »Vogelpastor« und den »Tiervater«

Ein übergroßer Schriftzug in der Ortsmitte der kleinen Gemeinde Renthendorf verdeutlicht Besuchenden sofort, auf welche Spuren sie sich gerade begeben. Die fünf Lettern setzen sich zu »Brehm« zusammen, und ja, es stimmt, hier, abseits jeglichen Trubels und Hektik, lebten zwei der bekanntesten deutschen Naturforscher: Christian Ludwig Brehm und sein Sohn Alfred Edmund Brehm.

Der eine, der evangelische Pastor Christian Brehm, hatte nicht nur einen Vogel, sondern davon Tausende, meist ausgestopft und präpariert. Als Ornithologe erforschte er die heimische Vogelwelt und verfasste zahlreiche Schriften darüber. Den anderen, den Zoologen und Schriftsteller Alfred Brehm, zog es in jungen Jahren auf Forschungsreisen nach Afrika. Er erkannte in den Tieren fühlende und denkende Wesen. Seine Enzyklopädie »Brehms Tierleben« popularisierte das Wissen über die Fauna. Das Buch erschien erstmals 1876 und ist bis heute ein Standardwerk der Naturkunde.

Die Gedenkstätte selbst gleicht einem Freilichtmuseum. Auf der Anhöhe steht die Dorfkirche, in der Christian Brehm predigte. Auf dem Friedhof ist ein Großteil der Familiengräber zu finden. Das ehemalige Pfarrhaus ist ebenso erhalten wie die einstige Dorfschule. In den 1865 erbauten »Witwensitz« mit der roten Backsteinfassade konnte Bertha Brehm nach dem Tod ihres Mannes Christian mit ihren Söhnen einziehen. Heutzutage beherbergt er die umfangreiche Ausstellung über die Familie. Inmitten typischer Einrichtungsgegenstände aus dieser Epoche können Besuchende auf Alfred Brehms Spuren wandeln. Zudem wird die ambivalente Beziehung von Mensch und Tier dargelegt. Sollte die Gedenkstätte geschlossen sein, ist das kein Grund zu verzagen. Denn zahlreiche gläserne Informationstafeln mit teils historischen Abbildungen der Gebäude sind im Dorfkern aufgestellt. Merke: Den Brehms kann in Renthendorf einfach nicht aus dem Weg gegangen werden.

Adresse Dorfstraße 22, 07646 Renthendorf | Anfahrt A 9, Ausfahrt Lederhose, links Richtung Schwarzbach, Straßenverlauf folgen, in Roda auf Dorfstraße bleiben, weiter bis Renthendorf, Parken am Schullandheim | Öffnungszeiten Di–Fr 14–17 Uhr, Sa, So 11–17 Uhr, Feiertage regulär geöffnet außer: 24.–26.12. sowie am 31.12. und 1.1. geschlossen | Tipp Die rund acht Kilometer entfernte Mühlenbäckerei Lutz Riedel ist bekannt für ihre ausgezeichneten Backwaren. Geheimtipp sind die Schweineohren.

39 Der japanische Garten

Ein Meer purer Entspannung

Karlovy Vary, auch als Karlsbad bekannt, liegt malerisch eingebettet in waldige Hügel am Zusammenfluss von Ohře und Teplá im Westen Tschechiens. Berühmt für ihre Mineralquellen zieht die Stadt seit Jahrhunderten Besucher an, darunter auch viele bekannte Persönlichkeiten wie Mozart, Goethe oder Beethoven.

Prächtige Jugendstilhäuser säumen hier die Straßen und beherbergen viele Restaurants, Cafés, Hotels und luxuriöse Geschäfte. Wer aber dem geschäftigen Treiben für einen Augenblick entfliehen möchte, hat es nicht weit: Vom Kurzentrum geht es etwa 1,5 Kilometer am rechten Ufer stromaufwärts entlang der Teplá vorbei am Grandhotel Pupp, weiter über den Goetheweg mit der Goethe-Büste und dem monumentalen Schiller-Denkmal. Nach einer guten halben Stunde erreicht man einen wunderschönen englischen Park mit einem japanischen Garten. Hier kann man allerdings nicht zwischen Bonsais, Koi-Karpfenteichen und einem Teehaus spazieren, dieser Zen-Garten ist ein Ort der Ruhe und lädt zum stillen Betrachten ein.

Diese besondere Form des Gartens heißt im Japanischen »Kare-san-sui«, was so viel wie trockene Landschaft bedeutet. Der in Wellen geharkte Kies verkörpert das Element Wasser und symbolisiert hier das Meer zwischen der östlichen und westlichen Hemisphäre. Die Harmonie von Yin und Yang wird durch den kreisförmigen Grundriss mit dem inneren Bogen verbildlicht. Der japanische Garten wurde anlässlich des 150. Geburtstages von Dr. Erwin von Bälz (1849–1913) gegründet. Der in Bietigheim geborene Arzt gilt als Wegbereiter der modernen Medizin in Japan. Als Balneologe machte er auch die Japaner mit Karlsbad bekannt. Der Garten ist benannt nach seiner japanischen Ehefrau Hana von Bälz, die einen bedeutenden Beitrag zur Annäherung der japanischen und europäischen Kulturen geleistet hat. Ihr Ebenbild wird passenderweise durch den kleinen Stein in der Mitte des Meeres dargestellt.

Adresse Slovenská 567/3, 360 01 Karlovy Vary 1 (Karlsbad), Tschechien | Anfahrt Autobahn D6, Ausfahrt Straße Plynárenská, im Kreisverkehr rechts auf Straße Plynárenská, nächster Kreisverkehr links Straße Západní, Straßenverlauf folgen bis zum großen Kreisverkehr am Fluss Teplá, dort zweite Ausfahrt halb rechts Straße Bezručova, weiter folgen über Straßen Na Vyhlídce, Libušina und U Imperiálu, hinter Brücke über Fluss Teplá auf Straße Slovenská, hier erste Abzweigung links | Tipp Vom Aussichtspunkt »Drei Kreuze« lässt sich Karlsbad von der Ostseite aus bewundern. Die Errichtung der drei imposanten Holzkreuze im 17. Jahrhundert symbolisiert das biblische Golgatha und steht gleichzeitig für die erfolgreiche Rekatholisierung der Stadt und Umgebung.

40 Der Mozartpark

Friedhofsstille einer illustren Runde

Es ist beschwerlich, aber es lohnt sich. Vom Sprudel im Kurzentrum von Karlsbad geht es am rechten Ufer der Teplá entlang und die steile Andreasstraße (Ondřejská) hinauf bis zum Mozartpark bei der St.-Andreas-Kirche. Hierbei wird eine Höhendifferenz von 60 Metern bewältigt. Oben angekommen öffnet sich ein wunderschöner Blick über Karlsbad.

Was heutzutage ein öffentlicher Park ist, war bis 1864 ein Friedhof. Das ist unschwer zu erkennen, denn einige Grabsteine stehen noch. Nimmt man sich die Zeit und studiert die Inschriften, so wird man erkennen, dass hier Prominenz bestattet wurde. Am auffälligsten ist der Grabstein von Wolfgang Amadeus Mozart. In goldenen Lettern prangt sein Name auf dem Stein, darüber schwebt eine von einem Siegeskranz umrankte Harfe. Wer nun stutzig wird, weil er sich zu erinnern glaubt, dass der berühmte Komponist doch in Wien beerdigt wurde, der darf seinem Empfinden trauen. Hier an Ort und Stelle wurde nicht das musikalische Ausnahmegenie zu Grabe getragen, sondern sein Sohn Franz Xaver Wolfgang Mozart. Dieser hatte jedoch zu Lebzeiten beschlossen, dass in seinen Grabstein der Namen des Vaters gemeißelt werden soll. Eine Verehrung der außergewöhnlichen Art.

Nur einige Schritte weiter wurden der bekannte Berliner Baumeister Friedrich Gilly, der Verleger Franz Franieck und der Kurarzt Jean de Carro beerdigt. Kleiner Exkurs: Eine Büste des Letztgenannten ziert den Treppenaufgang des alten Kaiserbads an der Straße Mariánskolázeňská.

Eher schlicht ist der Grabstein des Arztes David Becher. Es ist zwar nicht der Herr Becher, der den populären Kräuterlikör »Becherovka« erstmals anrührte. Diese Ovation gebührt dem Apotheker Josef Vitus Becher. Doch gelang es David Becher im 18. Jahrhundert, ein anderes sehr beliebtes Produkt – das »Karlsbader Sprudelsalz« – durch das Destillieren des Quellwassers des Karlsbader Sprudels zu gewinnen.

Adresse Ondřejská 1122/56, 360 01 Karlovy Vary 1 (Karlsbad), Tschechien | Anfahrt Autobahn D 6, Ausfahrt Straße Plynárenská, im Kreisverkehr rechts auf Straße Plynárenská, nächster Kreisverkehr links Straße Západní, Straßenverlauf folgen bis zum großen Kreisverkehr am Fluss Teplá, dort zweite Ausfahrt halb rechts Straße Bezručova, halb rechts Straße Ondřejská | Tipp Am Becherplatz in Karlsbad befindet sich der »Geburtsort« des Becherovka. Im Besucherzentrum »The Home of Becherovka« wird die Geschichte des kultigen Likörs anhand einzigartiger Objekte, historischer Flaschen und einer interaktiven Ausstellung erzählt.

41__Sankt Peter und Paul

Ein sakrales Schmuckstück

Abseits der belebten Karlsbader Innenstadt steht in der Straße Krále Jiřího eines der schönsten Bauwerke Tschechiens: die russisch-orthodoxe Kirche der Heiligen Peter und Paul. Umgeben von eher in gedeckten Farben verputzten Jugendstilvillen fällt das Gebäude allein durch die Wände und Dächer auf, die in leuchtenden Blau- und strahlenden Weißtönen gehalten sind. Die reich gegliederte Fassade ist mit großen Ikonen verziert, der dortige Turm ist 40 Meter hoch. Doch das sind Details, die erst auf den zweiten Blick ins Auge fallen. Denn der erste Eindruck wird eindeutig durch die fünf goldenen, reich verzierten Kuppeln bestimmt, die bei schönem Wetter mit der Sonne um die Wette zu gleißen scheinen.

Die Kirche wurde Ende des 19. Jahrhunderts nach dem Vorbild der altrussisch-byzantinischen Kirche in Ostankino bei Moskau errichtet. Allerdings legte in Karlsbad nicht Nikolai Wladimirowitsch Sultanow, der Baumeister der Kirche in Russland, die Finger auf die Blaupausen, sondern verantwortlich zeichnete der deutsch-böhmische Architekt Gustav Wiedermann. Dass die Finanziers des Bauprojektes, unter anderem aus den Reihen des russischen Adels, gerade ihn auswählten, war kein Zufall. Wiedermann war zu seiner Zeit eine bekannte Koryphäe seines Fachs. So erhielt er zum Beispiel für den Bau der Kirche der heiligen Olga von Kiew in Franzensbad den »Kaiserlich-russischen Orden der heiligen Anna« des Russischen Reichs.

Und Wiedermann konnte aus dem Vollen schöpfen. Das beweist nicht nur allein das prunkvolle Äußere, sondern wird auch durch die ansprechende Gestaltung des Inneren belegt. 21 kunstvolle Glasfenster aus Innsbruck, eine wunderschöne zweistöckige Eichen-Ikonostase mit Heiligenikonen aus dem Jahr 1866 – gestaltet von dem Maler Iwan Alexejewitsch Tjurin – und edelster Parkettboden veredeln die Räumlichkeit. Glanzvoller kann eine Kirche kaum daherkommen.

Adresse Krále Jiřího 2c, 360 01 Karlovy Vary 1 (Karlsbad), Tschechien | Anfahrt Autobahn D 6, Ausfahrt Straße Plynárenská, im Kreisverkehr rechts auf Straße Plynárenská, nächster Kreisverkehr links Straße Západní, Straßenverlauf folgen bis rechts Straße Dr. Janatky, links Moskevská, rechts Krále Jiřího, Straßenverlauf bis Kirche folgen | Öffnungszeiten täglich 9–18 Uhr | Tipp Das Restaurant »La Hospoda« verwöhnt Gäste mit kulinarisch ansprechenden Gerichten zu fairen Preisen. Empfehlung: Rindfleischburger »La Hospoda« mit Zwiebel-Speck-Marmelade, nábř. J. Palacha 1024/26, 360 01 Karlovy Vary 1, Tschechien

42 Die Standseilbahn

Nur Fliegen ist schöner

Es gleicht einem Szenario aus dem Spiel »Sim City«: Vorgegeben ein Gelände, das von einem Tal tief eingeschnitten wird. Die ersten Häuser reihen sich entlang des ebenen Talgrunds. Doch der dortige Platz ist begrenzt, und rasch wird hangaufwärts gebaut. Allerdings wird mit jedem noch höher gelegenen Straßenzug der Aufstieg für die »Sims« beschwerlicher. Die Moral sinkt, eine Lösung muss her.

Im Spiel würde der Player in die Auswahlliste klicken und schauen, was denn in Frage käme, um dann festzustellen, dass eine Standseilbahn das Mittel der Wahl ist. Sie bewältigt platzsparend einen beträchtlichen Höhenunterschied. Bereits einen Klick später dürfen die »Sims« im Tal (381 Meter über N.N.) einsteigen und nach einer Fahrt auf einer 127 Meter langen Steilstrecke auf einer Höhe von 437 Meter aussteigen.

Alles nur ein Spiel?

Von wegen – und damit zurück in die reale Welt. Dort nennt sich die Standseilbahn »Imperial« und verbindet in Karlsbad unterirdisch den Theaterplatz am Fluss Teplá mit dem Platz vor dem Hotel Imperial. Es fahren stets zwei Kabinen gegenläufig, wobei in der Mitte die Strecke zweigleisig ist, damit sie aneinander vorbeigleiten können. Eröffnet wurde die Bahn im Jahr 1907 und ersparte bis 1980 Zigtausenden Fahrgästen einen schweißtreibenden Fußmarsch. Anfang der 1980er Jahre renoviert, fand die Wiedereröffnung am 28. November 1987 statt. Seitdem pendeln die Kabinen während der Hauptverkehrszeiten mehrmals in der Stunde, die Fahrzeit beträgt dabei lediglich 70 Sekunden.

Der Eingang zur Talstation, der sich in einer Häuserzeile befindet, kann von Unkundigen leicht übersehen werden. Die automatischen Türen sind bunt foliert und vermitteln eher den Eindruck, als würde sich dahinter der Zugang zu einem Escape Room befinden. Erst bei achtsamer Betrachtung wird deutlich, am richtigen Ort zu sein. Ab dem Zeitpunkt steht dem Fahrspaß nichts mehr im Wege.

Adresse Talstation: Divadelní nám. 247, 360 01 Karlovy Vary 1 (Karlsbad), Tschechien, Bergstation: Libušina 1155, 360 01 Karlovy Vary 1 (Karlsbad), Tschechien | Anfahrt zur Bergstation: Autobahn D 6, Ausfahrt Straße Plynárenská, im Kreisverkehr rechts auf Straße Plynárenská, nächster Kreisverkehr links Straße Západní, Straßenverlauf folgen bis zum großen Kreisverkehr am Fluss Teplá, dort zweite Ausfahrt halb rechts Straße Bezručova, weiter folgen über Straßen Na Vyhlídce und Libušina, Straße Libušina zweigt später von der Straße U Imperiálu halb rechts ab, hier auf Libušina bleiben, weiter bis zur Bergstation | Öffnungszeiten Fahrplan: www.dpkv.cz/Imperial-jizdni-rady.htm | Tipp Wer eine Abwechslung von der böhmischen Küche sucht, für den ist die Pizzeria »Locale« genau das Richtige (Na Vyhlídce 1118/54, 360 01 Karlovy Vary 1, Tschechien).

43__Das Weihnachtshaus

Weihnachtsstimmung das ganze Jahr

Für viele Menschen ist die Weihnachtszeit wohl die schönste Zeit des Jahres. Ihr wohnt ein ganz besonderer Zauber inne – überall funkeln Lichter, festliche Weihnachtslieder erklingen, und der Duft von Glühwein, Zimt und Tannengrün liegt in der Luft. Es geht nur leider immer so schnell vorbei! Und wer dann schon sehnsüchtig dem nächsten Weihnachtsfest entgegenfiebert, kann sich die lange Wartezeit mit einem Besuch im Weihnachtshaus verkürzen. Im Vánoční dům am Stadtrand von Karlovy Vary weihnachtet es sehr, und das von Januar bis Dezember. Denn das Schloss Doubí beherbergt das einzige ganzjährig geöffnete Weihnachtshaus in Tschechien. Schon beim Betreten des Innenhofes fühlt man sich in eine andere Jahreszeit versetzt – Last Christmas und Co. tönen aus den Lautsprechern, geschmückte Tannenbäume, winterliche Dioramen und Teddybären sorgen für die richtige Stimmung. Und auch wenn es gerade Sommer ist, duftet es im Schloss herrlich nach Weihnachtsgewürzen.

Das Weihnachtshaus ist in verschiedene Bereiche unterteilt. Im Teddybärmuseum präsentieren sich mehr als 12.000 kuschelige Gesellen mit Knopfaugen: Teddys von klein bis groß, antike Raritäten, Olympia-Maskottchen oder Klassiker, wie Mr. Beans' Teddy und Winnie Puuh, bevölkern die Regale, die bis unter die Decke reichen. Das Weihnachtsmuseum im Schlosskeller lädt zu einer nostalgischen Zeitreise ein. Historische Christbaumständer, filigraner Baumschmuck, alte Backformen und eine Krippenszene wecken Erinnerungen an Weihnachten, wie es früher war. Leuchtende Häuschen, schneebedeckte Landschaften und eine Modelleisenbahn sind im »Zauberhaften Städtchen« zu bewundern. Heiße Schokolade und Glühwein kann man sich im weihnachtlich dekorierten Café schmecken lassen. Und der größte und prachtvollste Bereich des Weihnachtshauses ist die Verkaufsausstellung. Sie bietet alles, was das weihnachtliche Herz begehrt!

Adresse Studentská 1/4, 360 07 Karlovy Vary 7 (Karlsbad), Tschechien | **Anfahrt** Autobahn D 6, Ausfahrt Route 20 (Karlsbad), im Kreisverkehr links Route 20, Straßenverlauf bis über Fluss Eger folgen, Parkplatz nach der Brücke rechts | **Öffnungszeiten** Di–So, genaue Zeiten siehe vanocnidum.cz | **Tipp** Etwa zwei Kilometer von Doubí entfernt steigt am nördlichen Rand des Kaiserwaldes der Hans-Heiling-Felsen (Svatošské skály) empor. Die mächtigen Granitfelsen sollen den versteinerten Hochzeitszug des Zauberers Hans Heiling darstellen.

44__Der Eisautomat

Eisgenuss rund um die Uhr

Egal, ob im Sommer oder Winter – Eis geht immer! Die Herstellung von Speiseeis ist keine Erfindung der Neuzeit. Bereits vor 5.000 Jahren sollen die Menschen in China gefrorene Desserts genossen haben. Schnee oder Gletschereis wurde mit Honig oder Früchten gemischt und mit Gewürzen verfeinert. Im antiken Griechenland galt Eis als Speise der Götter und wurde von Hippokrates nicht nur als erfrischender Genuss, sondern auch als Heilmittel geschätzt. Es war der berühmte venezianische Reisende Marco Polo, der im 13. Jahrhundert Eis-Rezepturen aus Asien mit nach Italien brachte und somit eine entscheidende Rolle bei der Einführung und Verbreitung der italienischen Eisrezepte spielte. Bis zur Eröffnung der ersten deutschen Eisdiele in Hamburg dauerte es allerdings noch bis 1799. Erst in den 1920er Jahren zog es viele italienische Eismacher nach Deutschland.

Doch was, wenn die nächste Eisdiele zu weit entfernt ist oder geschlossen hat? Kein Problem! Eis-Automaten liegen derzeit wieder im Trend und sprießen überall aus dem Boden. Der Buchberghof in Kirchenlamitz sorgt in der Region Fichtelgebirge für köstliches Eis aus dem Automaten. Tagesfrische Milch glücklicher Kühe, erlesene Früchte und regionale Produkte sind die Zutaten für das hochwertige Bauernhofeis. Auf Chemie, Farb- und Konservierungsstoffe wird vollkommen verzichtet. Eine Vielzahl an Eissorten gibt es hier rund um die Uhr an sieben Tagen der Woche to go. Neben den Klassikern wie Vanille, Erdbeere oder Schoko befinden sich auch saisonale Sorten wie Ahornsirup, Piña colada oder Lebkuchen sowie laktosefreie Sorbets im Angebot. Praktischerweise verbirgt sich im Deckel der Becher ein Löffel zum sofortigen Verzehr. Und wer sich nach dem Eisgenuss noch mit weiteren regionalen Erzeugnissen versorgen möchte, kann am zweiten Hofautomaten Joghurt, Käse, Fleisch, Wurst und noch viel mehr auf Knopfdruck erstehen.

Adresse Fichtenhammer 7, 95158 Kirchenlamitz | Anfahrt A 93, Ausfahrt Selb-West, St 2179 in Richtung Marktleuthen, Ortsausgang Marktleuthen im Kreisverkehr erste Ausfahrt Hofer Straße, Straßenverlauf folgen bis links St 2176 nach Kirchenlamitz, über halb links Marktplatz weiter Weißenstädter Straße, hinter Nahkauf am Ortsausgang halb links, Straßenverlauf folgen bis nach Kleinschoppen, im Ort an der Bushaltestelle links in Richtung Fichtenhammer abbiegen, weiter bis links Parkplatz Buchberghof | Öffnungszeiten Automat 24/7, Hofladen 1.5.–30.9. Sa, So und Feiertage 13–19 Uhr, 1.10.–30.4. Sa 9–12 Uhr | Tipp Etwa sechs Kilometer entfernt befindet sich der geografische Mittelpunkt des Fichtelgebirges. Der Zwölfgipfelblick bei Röslau ist eine 602 Meter hohe Aussichtsanlage, die einen Rundblick auf die gesamte Bergkette bietet, die wie ein gigantisches Hufeisen im Nordosten Bayerns liegt.

45 Das Granitlabyrinth

Auf den Spuren des Minotaurus

Sie gleichen den Klötzchen eines umgestürzten Jenga-Turms für Riesen: die Granitquader des Labyrinths in Kirchenlamitz. Jedoch bedurfte es keiner Giganten, um die Steine in Position zu rücken. Rund um den fast 800 Meter hohen Epprechtstein sind die Menschen seit Jahrhunderten erfahren im Umgang mit Granit. So lieferten sie unter anderem das Material für die Siegessäule in Berlin und die Kolonnaden in Karlsbad.

Damit dürfte klar sein, dass der Baustoff für die Anlage nicht zufällig ausgewählt wurde. Das Labyrinth ist ein Denkmal für den Stein, der seit Hunderten Jahren die Menschen in Lohn und Brot bringt.

Der quadratische Grundriss ist von außen sofort erkennbar. Welcher Weg allerdings ins Zentrum führt, bleibt zunächst verborgen. Und damit eröffnet sich das immerwährende Vergnügen, das ein Labyrinth ausmacht: Wo lang gehen, wohin wenden? Und schließlich das Glücksgefühl erleben, sobald das Zentrum erreicht ist.

Seit Jahrtausenden faszinieren Irrgärten und Labyrinthe. Wobei es scheinbar einen Unterschied gibt: Im Labyrinth gibt es nur einen Weg, der zur Mitte führt. Ein Irrgarten besitzt ein Wegesystem mit Kreuzungen und Sackgassen. Diese Unterscheidung ist aber nur Angeberwissen für Halbgebildete. Denn Fachleute würden kontern: Das deutsche Wort »Labyrinth« ist dem lateinischen Wort »labyrinthus« entlehnt, welches selbst wieder auf das altgriechische »labýrinthos« zurückgeht. Und das bedeutet nichts anderes als »Haus mit Irrgängen«. Entscheidend ist hier die Nennung der Mehrzahl. Somit kann auch ein Labyrinth durchaus mehrere Wege haben, die in die Irre führen. Übrigens: Dies zu wissen ist bei dem Kirchenlamitzer Granitlabyrinth wichtig, um nicht ratlos im Wirrwarr der Steine zurückzubleiben. Also nicht von den Baumeistern verhohnepipeln lassen! Mehr soll an dieser Stelle nicht gespoilert werden, um nicht den Spaß an der Sache zu verderben.

Adresse Vorderes Buchhaus, 95158 Kirchenlamitz | Anfahrt A 93, Ausfahrt Selb-West, St 2179 in Richtung Marktleuthen, Ortsausgang Marktleuthen im Kreisverkehr erste Ausfahrt Hofer Straße, Straßenverlauf folgen bis links St2176 nach Kirchenlamitz, über halb links Marktplatz weiter Weißenstädter Straße, hinter Nahkauf am Ortsausgang halb links, Straßenverlauf folgen bis links Parkplatz am Granitlabyrinth | Tipp Das Infozentrum Epprechtstein neben dem Labyrinth informiert in spannender Art und Weise über Flora und Fauna der Umgebung mit Schwerpunkt auf Kreuzottern.

46 Der Luisentisch

Es hätte ein so schöner Ausflug werden können

Im Juni 1805 besuchte König Friedrich Wilhelm III. nebst Gemahlin Königin Luise das Fichtelgebirge. Zunächst ließen sie es sich drei Wochen in Alexandersbad gut gehen. Sehr wahrscheinlich gelang es dem Königspaar dabei sogar, die sich am westlichen Horizont bedrohlich auftürmende »Gewitterwolke« in Gestalt des französischen Kaisers Napoleon zu verdrängen.

Aber noch hielt der kleine Korse die Beine ja still. Weitestgehend unbekümmert konnte der König daher einen Abstecher zum 798 Meter hohen Epprechtstein zu unternehmen. Geplant war, die Überreste der Burg aus dem 12. Jahrhundert zu besichtigen und den Fernblick zu genießen.

Am 21. Mai 1805 war es dann so weit: Das Königspaar traf mit großem Gefolge am Epprechtstein ein. Im Vorfeld war alles für den hohen Besuch vorbereitet worden. Eine Feldküche stand bereit, die rund 100 Pferde konnten in einem Rondell untergebracht werden, und am Gipfel war ein Rastplatz mit Granitbänken und einem steinernen Tisch eingerichtet worden. Damit noch nicht genug. Die Kirchenlamitzer hatte eigens einen Weg hinauf – den heutigen »Königsweg« – angelegt.

Froh gelaunt schritt das Königspaar aus und erreichte kurz darauf den Gipfel. Doch aus dem geplanten Mittagsmahl wurde nichts, denn plötzlich galoppierte eine Reiterstaffel heran. Die Melder überbrachten dem Königspaar die Nachricht, dass Napoleon mit seinen Truppen den Rhein überschritten hatte. Ab sofort befand sich Preußen im Krieg mit den Franzosen.

Laut Überlieferung soll Königin Luise den Besuch auf dem Epprechtstein als die »letzte frohe Zeit auf Erden« bezeichnet haben. Heutzutage stehen ihr zu Ehren Repliken der steinernen Möbel am ehemaligen Rastplatz. Und zwar auf bayerischem Boden und nicht etwa auf preußischem. Eine Folge des Krieges, der im Verlauf dazu führte, dass Oberfranken 1810 zu Bayern kam.

Adresse Epprechtstein, 95158 Kirchenlamitz | **Anfahrt** A 93, Ausfahrt Selb-West, St 2179 in Richtung Marktleuthen, Ortsausgang Marktleuthen im Kreisverkehr erste Ausfahrt Hofer Straße, Straßenverlauf folgen bis links St 2176 nach Kirchenlamitz, über halb links Marktplatz weiter Weißenstädter Straße, hinter Nahkauf am Ortsausgang halb links, Straßenverlauf folgen bis links Parkplatz am Granitlabyrinth, von hier circa 15 Minuten zu Fuß in Richtung Gipfel des Epprechtsteins | **Tipp** Der in Kirchenlamitz ansässige »Hot Air Ballon Hof e.V.« bietet Ballonfahrten an. Eine Möglichkeit, den Epprechtstein und die Region aus luftiger Höhe zu genießen. Weitere Informationen dazu: www.ballonteam-hof.de.

47 Die Rundkirche

Barockarchitektur mit kuriosem Detail

Die Rundkirche »Zum Friedefürsten« thront über dem Marktplatz der Musikstadt Klingenthal. Die achteckige Kirche bietet schon durch ihren Grundriss eine architektonische Besonderheit. Sie ist nach der Dresdner Frauenkirche das zweitgrößte Bauwerk ihrer Art in Sachsen. Die Grundsteinlegung zum Bau des Gotteshauses erfolgte am 12. Mai 1736 und ersetzte das baufällig gewordene Holzkirchlein aus dem Jahr 1653. Der Baumeister ist unbekannt, doch eine Ähnlichkeit zur Frauenkirche ließ Vermutungen aufkommen, dass die Risszeichnung aus der Feder von George Bähr, dem Erbauer des berühmten Dresdner Kuppelbaus, stammen könnte. Urkundlich ist dies allerdings nicht nachweisbar.

Das Kirchenschiff ist um den barocken Kanzelaltar angeordnet, der angesichts des eher schlicht gestalteten Innenraums sofort ins Auge fällt. Aus Holz gefertigt und gekrönt von einem Strahlenkranz mit dem hebräischen Gottesnamen JHWH, versinnbildlicht der Altar die Dreieinigkeit Gottes. Die Kanzel wird von zwei marmorierten Holzsäulen flankiert, auf der linken Seite entdeckt man Moses mit den Gesetzestafeln der Zehn Gebote. Rechter Hand befindet sich dessen Bruder Aaron. So mancher Besucher mag sich nun verwundert fragen: Warum trägt Moses zwei Hörner auf dem Kopf? Der Prophet in teuflischer Gestalt? Weit gefehlt! Diese Darstellung geht auf die lateinische Bibelübersetzung (Vulgata) zurück und ist einem Übersetzungsfehler geschuldet. Hebräische Texte enthielten keine Vokale, diese mussten beim Lesen zugefügt werden. Durch die Ergänzung eines falschen Vokals bei dem Wort »strahlend« kam diesem eine andere Bedeutung zu und wurde zu »gehörnt«. An diesem Wortlaut aus dem Alten Testament orientierten sich viele Künstler. Auch Michelangelo hat seiner berühmten Moses-Statue Hörner aufgesetzt. Dieses Attribut gehört also tatsächlich zu Moses wie die Gebotstafeln und ist keine vogtländische Erfindung.

Adresse Amtsberg 2, 08248 Klingenthal, www.kirche-klingenthal.de | **Anfahrt** A 72, Ausfahrt Plauen-Süd, B 92 über Oelsnitz bis Adorf, links B 283, weiter über Markneukirchen bis Klingenthal, dort im Kreisverkehr 3. Ausfahrt, anschließend links auf Schloßstraße, kurz darauf rechts in die Kirchstraße, Parken auf Kirchenparkplatz hinter der Rundkirche | **Öffnungszeiten** Mai–Okt. Mo–Sa 10–12 und 14–16 Uhr | **Tipp** In einem der ältesten Gebäude Klingenthals befindet sich das Musik- und Wintersportmuseum (Schloßstraße 3, 08248 Klingenthal).

48 Die WieLi-Bahn

Die langsamste »Achterbahn« Deutschlands

Im Schatten der weithin sichtbaren Schanze in der Vogtland Arena führt die unscheinbare WieLi-Bahn ein Underdog-Dasein. Doch wie es so häufig ist: Damit eine Berühmtheit glänzen kann, bedarf es oft eines Konterparts, der ihr zuarbeitet. Und genau das erledigt die Erlebnisbahn. Denn sie ist es, die, ohne zu murren, tagtäglich den Besucherinnen und Besuchern einen mühevollen Auf- und Abstieg zur Schanze erspart. Alles erfolgt vollautomatisch, vom Einstieg über den Zwischenhalt auf dem Berg bis hin zur Talfahrt. Modernste Technik, hinter der das auf Liftsysteme spezialisierte Unternehmen Wiegand steht. So erklärt sich auch der Name der Erlebnisbahn: WieLi setzt sich aus den jeweils ersten Silben der Wörter »Wiegand Liftsystem« zusammen.

Mit Blick auf den 35 Meter hohen Schanzenturm geht es nach dem Einstieg gut 260 Meter steil bergauf. Die Fahrtgeschwindigkeit beträgt sieben Kilometer pro Stunde. Wer jetzt denkt, zu Fuß schneller zu sein, möge bedenken, dass zugleich rund 100 Höhenmeter bewältigt werden müssen.

Oben angekommen, geht es gemütlich und wenig schweißtreibend weiter. Der Zwischenhalt kann genutzt werden, um mit einem Aufzug hoch in die Kapsel zu fahren, die einem Kokon gleich an der Spitze der Schanze hängt. Die Stirnseiten sind verglast, und so bietet sich von hier aus ein wundervoller Panoramablick über das Brunndöbratal. Grundsätzlich ist die Kapsel ganzjährig für Gäste geöffnet, es sei denn, Wettkämpfe stehen an. Denn dann dient diese als Wärmeraum für die Athleten.

Wieder am Schanzenfuß angekommen, wartet bereits ein Wägelchen der WieLi-Bahn. Im Vergleich zur Bergfahrt steht mit circa 18 Kilometern pro Stunde eine geradezu rasante Talfahrt bevor. Die Strecke ist kurvig, führt durch einen lichten Wald und ist etwas über einen halben Kilometer lang. Doch so gemütlich die Talfahrt auch ist, gilt trotzdem: Blumenpflücken während der Fahrt verboten!

Adresse Falkensteiner Straße 133, 08248 Klingenthal, www.sparkasse-vogtland-arena.de | **Anfahrt** A 72, Ausfahrt Plauen-Süd, B 92 über Oelsnitz bis links auf Tirschendorfer Straße, Straßenverlauf folgen bis nach Schöneck, im Ort links auf Sohrstraße, über Albertplatz bis links in die Bahnhofstraße, dann Straßenverlauf bis nach Muldenberg folgen, im Ort rechts auf Klingenthaler Straße, Straßenverlauf folgen bis zur Vogtland Arena | **Öffnungszeiten** täglich 10–17 Uhr | **Tipp** Wem die WieLi-Bahn am Ende zu langsam war, der kann auf der rund acht Kilometer entfernten Sommerrodelbahn Mühlleithen bei schönem Wetter mit einem Schlitten rasanter ins Tal gleiten.

49 Die Eisenhütte

Von den Gebrüdern Grimm inspiriert

Die Historie der Eisenhütte in Šindelová erinnert an das Märchen Dornröschen. Lange war die Ruine von Bäumen und Sträuchern umgeben, überall wucherte Gestrüpp. So »schlief« sie jahrzehntelang, bis dann endlich der Prinz in Form des Vereins zur Erhaltung des Kulturdenkmals im Jahr 2015 daherkam, um die alte Eisenhütte »wach zu küssen«.

Alles begann mit einer intensiven Rodung, die die Gemäuer freilegte, und setzte sich fort mit Restaurierungsarbeiten, die immer noch andauern. Aber immerhin ist die Anlage inzwischen insoweit wieder hergestellt, dass Interessierte sie besichtigen und damit in die Geschichte der Eisenhütte eintauchen können.

Dabei werden sie erfahren, dass ab dem 16. Jahrhundert in Böhmen und auch im Erzgebirge immer mehr Eisenhütten entstanden. Die Nachfrage nach dem Metall stieg in dieser Zeit rapide an, da der Bergbau in dieser Region stetig ausgeweitet wurde. Aus dieser Epoche stammt auch die Eisenhütte in Šindelová, die über die Jahrhunderte hinweg immer wieder auf den neuesten Stand der Technik gebracht wurde. So installierten zum Beispiel die Betreiber 1757 einen Hochofen, im Jahr 1800 kam ein zweiter hinzu. Doch bereits 1818 wurden diese durch einen besseren ersetzt. Das zeigt eindrücklich, dass hier keine Kosten gescheut wurden, um modernste Technik einzusetzen. Doch damit nicht genug des Bestrebens nach Gewinnmaximierung. Auch wurden weitere Gebäude angegliedert, um neue Geschäftsfelder zu erschließen. Zur Blütezeit Anfang des 19. Jahrhunderts gab es auch eine Glashütte, eine Gießerei und eine Modellwerkstatt.

Davon sind heutzutage leider keine Überreste mehr vorhanden. Dagegen erhalten ist ein pyramidenstumpfförmiges Gebäude mit einem markanten Dach, in dem sich der letzte Hochofen befindet. Und auf Anfrage oder an Veranstaltungstagen dürfen die Besucher sogar von der obersten Plattform einen Blick in das Baudenkmal werfen.

Adresse 358 01 Kraslice-Šindelová (Graslitz-Schindlwald), Tschechien, www.hut-sindelova.cz | Anfahrt A 72, Ausfahrt Plauen-Süd, B 92 über Oelsnitz bis Adorf, links B 283, weiter über Markneukirchen bis Klingenthal, dort im Kreisverkehr 1. Ausfahrt rechts auf Route 210, Straßenverlauf lange folgen bis halb links Route 21041, weiter bis Šindelová | Tipp Von der Eisenhütte gut einen Kilometer in östlicher Richtung entfernt befindet sich die kleine Felsformation »Kamenný hřib«. Ins Deutsche übersetzt bedeutet das »Steinpilz«. Tatsächlich gleichen die übereinandergeschichteten Felsbrocken den schmackhaften Funghi.

50 Die Brauerei in Kynšperk

»Na zdraví!«, ausgesprochen: »nahs-drah-wi«

Prost! Selbst diejenigen, die mit Bier wenig anfangen können, dürften wissen, dass Tschechien auf eine lange Bierbrautradition zurückblicken kann. Bereits im 12. Jahrhundert wurden die ersten Brauereien gegründet, und von da an schossen weitere Brauhäuser wie Pilze aus dem Boden.

Apropos Pilz. Ein bedeutender Moment in der tschechischen Biergeschichte war zweifelsfrei die Gründung der »Pilsner Urquell Brauerei« im Jahr 1842 in Pilsen. Dort wurde erstmals ein Bier nach »Pilsener Brauart« gebraut. Das »Pils« wurde rasch derart geschätzt, dass es weltweit kopiert und zudem ein anerkannter Gattungsbegriff für untergärige Biere wurde.

Vom großen Ganzen hin zur Brauerei »Kynšperk Pivovar«, die sich ebenfalls maßgeblich am Siegeszug der tschechischen Biere beteiligte. Den Stadtoberen von Königsberg an der Eger (Kynšperk) wurde im Jahr 1595 von Kaiser Rudolf II. das Bierbraurecht zugesprochen. Flugs war der Sudkessel angeheizt. Allerdings köchelte man lange Zeit weitestgehend nur für die Königsberger Kehlen. 1840 änderte sich dann die Situation. Die gut situierte Familie Haas von Hasenfels, die ihren Reichtum der Porzellanherstellung verdankte, investierte in die Brauerei. Derart gepusht entwickelte sich die Produktionsstätte im 19. Jahrhundert zum größten Biererzeuger in der Karlsbader Region.

Diese Zeiten sind zwar vorbei, der Absatz ist mittlerweile deutlich bescheidener. Aber selbstverständlich verstehen sich die Mitarbeitenden der Brauerei immer noch darauf, ein vorzügliches Bier zu brauen. Wer dem Markenzeichen der Brauerei – einem Hasen – folgt, kann sich bei einer Führung selbst davon überzeugen. Oder aber man »zischt« unter blauem Himmel im Brauereibiergarten ein, zwei oder mitunter auch mehr Gläser des leckeren »Flüssigbrotes« weg. So auf den Geschmack gekommen, dürften dann wohl viele zufrieden murmeln: »Hopfen und Malz, Gott erhalt's!«

Adresse Sokolovská 482/40, 357 51 Kynšperk nad Ohří (Königsberg an der Eger), Tschechien | Anfahrt Autobahn D6, Ausfahrt Route 2125 (Kynšperk nad Ohří) in Richtung Kynšperk, Straßenverlauf durch Kynšperk folgen, Brauerei befindet sich am nördlichen Ortsausgang rechts | Öffnungszeiten Brauereiführungen: Mo–Fr 12–17 Uhr, Sa 13–14 Uhr | Tipp In der Brutzeit bevölkern Störche ein Nest in der Straße Havířská, Hausnummer 899/6. Die Familie »Adebar« posiert dort langmütig vor den Teleobjektiven der »Paparazzi«.

51__Der Dorfanger

»Klein-Hollywood« lädt zur Fotosession

Das Dorf Nitschareuth scheint auf den ersten Blick die Rolle des »Underdogs« im Vergleich mit den nahe gelegenen Städten Weida und Greiz einzunehmen. Keine Burg auf einem Felssporn lockt, und die Historie kommt ohne Adlige aus. Trotzdem sind Besucher beim Betreten des Dorfkerns sofort verzaubert. Sobald die ersten Laute der Verzückung verklungen sind, werden Kameras gezückt und Motive gesucht.

Wobei »Motivsuche« und »Nitschareuth« eigentlich nicht kombinierbar sind. Bereits rund um den Weiher gruppieren sich fotogene Fachwerkhäuser. Bei wolkenlosem Himmel spiegeln sich deren Hausfronten verzaubernd im Wasser, und manch einer wird beim Ablichten bereits den Hashtag »reflections« für das Posten in den sozialen Medien im Hinterkopf haben. Unweit entfernt breitet die alte Eiche, die anlässlich Martin Luthers 400. Geburtstag gepflanzt wurde, ihre Krone aus. In ihrem Schatten ruhten sich Schauspielgrößen wie etwa Bruno Ganz, Thekla Carola Wied und Mariella Ahrens in den Drehpausen aus. Denn auch die Filmindustrie weiß, dass hier ein Kleinod auf Zelluloid wartet. Und das sogar wendezeitübergreifend. So wurde unter anderem 1981 »Rächer, Retter und Rapiere« an Ort und Stelle gedreht. Dabei wird die Geschichte des vogtländischen »Robin Hoods«, dem Bauerngeneral Georg Kresse, erzählt. Hauptakteur ist der junge Walter Plathe, der später durch die Hauptrolle in der ZDF-Reihe »Der Landarzt« auch in den alten Bundesländern bekannt wurde.

Wer nun groggy vom Fotografieren nach Erfrischung sucht, der ist im Hofcafé des Bauernmuseums gern gesehen. In dem Dreiseithof werden alte Gerätschaften ausgestellt, und hin und wieder wird der Steinbackofen angeheizt. Und wer weiß? Vielleicht trifft man dort auf Jennifer Aniston oder Johnny Depp, die inkognito den Drehort ihres nächsten Films besuchen. Denn eins steht fest: Nitschareuth könnte garantiert auch Hollywood eine Kulisse bieten.

Adresse 07957 Langenwetzendorf-Nitschareuth | Anfahrt A 4, Ausfahrt Gera-Leumnitz, B 92 in Richtung Gera, Bundesstraße lange folgen bis rechts B 175, wenig später geradeaus wieder B 92 folgen bis links Daßlitz, weiter bis Nitschareuth | Tipp In einem Wald auf einem Höhenzug bei Neumühle wird mittels einer Gedenktafel an den ersten und einzigen Präsidenten der DDR Wilhelm Pieck erinnert. Die malerische Umgebung des Denkmals verführt zum Wandern.

52 Das Monumentalbild

Wenn Atome sich spalten, freut sich die Glühbirne

Weithin sichtbar ist das 192 Quadratmeter große Kunstobjekt »Die friedliche Nutzung der Kernenergie« von dem Berliner Künstler Werner Petzold. Es besteht aus 384 Emaille-Segmenten von je 100 mal 50 Zentimetern. Das Werk wird von einer Stahlrohrkonstruktion gestützt und zeigt Arbeiter in heroisch wirkenden Posen in einem technologischen Umfeld.

Nicht nur der Standort des Bildes – allein auf weiter Flur – verwundert, sondern auch das Dargestellte. Da Energie aus Atomkraft in Deutschland gerade nicht »en vogue« ist, ahnen pfiffige Interessierte bereits, dass das Bild aus einer anderen Epoche stammen muss. Also am besten der Reihe nach.

Der 1940 geborene Werner Petzold wurde 1970 der SDAG Wismut als Künstler zugeteilt. Viele Kunstschaffende arbeiteten damals für die Betriebe in der DDR, um finanziell über die Runden zu kommen. 1974 schuf Petzold dann das Monumentalbild, das zum 25. Jahrestag der DDR feierlich an einem Verwaltungsbau in Paitzdorf bei Ronneburg enthüllt wurde. Dahinter stand die Erwartung, dass Kunst gerade an stark frequentierten Gebäuden eine pädagogische Rolle erfüllen könne. Vorbild dafür war das sowjetische »Neue Bauen«, das eine Einheit von Architektur und Kunst vorsah. Gemäß dem »Sozialistischen Realismus« wiederum stellte das Werk die vermeintliche Wirklichkeit im Sozialismus – hier also die friedliche Nutzung der Kernenergie – dar. 2006 wurde das Bild eingelagert, da der Abriss des Gebäudes anstand.

Bei der Renaturierung der Halde Beerwalde im Rahmen des Projektes »Resurrektion Aurora«, das die Bundesgartenschau 2007 ergänzte, erinnerte man sich an das Kunstwerk, holte es aus der Versenkung hervor und stellte es kurzerhand auf. Allerdings soll es heutzutage nicht mehr die Erfolge des Sozialismus glorifizieren, sondern an die Tausende Arbeiter erinnern, die aufgrund der unzureichenden Schutzmaßnahmen beim Uranabbau ums Leben kamen.

Adresse Lindenallee, 04626 Löbichau | Anfahrt A 4, Ausfahrt Ronneburg, B 7 in Richtung Schmölln, links Saure Allee, Straßenverlauf bis Löbichau folgen, Parken im Ort, von hier zu Fuß circa 17 Minuten | Tipp Die Bockwindmühle in Lumpzig ist eine der beiden ältesten Bockwindmühlen Thüringens. Sie ist Veranstaltungsort für Feste, die über das ganze Jahr verteilt stattfinden, wie zum Beispiel das Lumpziger Bockwindmühlenfest (www.bockwindmuehle-lumpzig.de).

53 Die Filmkulisse

Das »Böhmische Rothenburg«

Eine Stadt wie aus dem Bilderbuch: Loket nad Ohří, was übersetzt »Ellbogen an der Eger« bedeutet. Der Fluss umfließt den Ort fast von allen Seiten, sodass er wie auf einer Halbinsel liegt. Derart reizvoll ist der mittelalterliche Stadtkern, dass zahlreiche Filmemacher in ihm die perfekte Location für ihre Streifen ausmachten. So ließ Daniel Craig es sich als James Bond im Film »Casino Royale« nicht nehmen, mit seinem Aston Martin über den Marktplatz zu brettern, um wenig später dann zu Mittag mit René Mathis zu essen. Vermutlich gab es dabei noch einen gerührten Martini aufs Haus. Allerdings hätte Agent 007 dann seinen Wagen geparkt lassen müssen, denn in Tschechien gilt im Straßenverkehr 0,0 Promille.

1979 machte sich von Loket aus der Schauspieler Richard Thomas auf den Weg an die Westfront. Er spielte den Soldaten Paul Bäumer bei der Neuverfilmung von Erich Maria Remarques Roman »Im Westen nichts Neues«. Die Burg aus dem 13. Jahrhundert, die über der Altstadt auf einem Felsen thront, die gepflasterten Straßen und die aus alter Zeit stammenden Hausfassaden boten den perfekten Hintergrund für eine Erzählung, die Anfang des 20. Jahrhunderts spielt.

Aus neuerer Zeit stammt das Kriegsdrama »T34 – Das Duell«, in dem es zum Showdown der beiden Kontrahenten in ihren gepanzerten Fahrzeugen auf der »Most přes Ohři«, der mächtigen Brücke über die Eger, kommt. Dabei wurde das heutzutage schlicht verputzte Mauerwerk mittels CGI-Technik (Computer Generated Imagery) auf historisch »getrimmt«.

Aber auch diejenigen, die mit Drehorten wenig am Hut haben, werden interessante Details in den Gassen entdecken. Zum Beispiel findet sich am Eingang der Stadt linker Hand ein versteinerter Baumstamm. Und an der Fassade des Hotels »Zum Weißen Ross« prangt ein Goethe-Zitat. Denn auch der Dichterfürst gab sich einst hier die Ehre und ließ sich von Loket verzaubern.

Adresse 357 33 Loket (Ellbogen an der Eger), Tschechien | Anfahrt Autobahn D 6, Ausfahrt Route 209 (Loket) in Richtung Loket, Straßenverlauf folgen bis rechts Straße Lužná, halb links auf Route 2099, weiter bis zum Parkplatz vor der großen Brücke über die Eger | Tipp Von Loket aus ist es möglich, mit dem Kanu über die wildromantische Eger nach Karlsbad zu paddeln. Es gibt mehrere Bootsverleiher, unter anderem sportcentrumloket.cz.

54 Das Geigenbauer-Denkmal

Ehre den Klangschöpfern

Im Alter von 18 Jahren wurde der Geigenbauer angeschossen. Schauplatz des Geschehens war Schönbach (heute Luby) im böhmischen Vogtland. Ende des Zweiten Weltkrieges, im Mai 1945, soll ein amerikanischer Soldat eine Waffe auf den Mann gerichtet haben. Der Schuss in die linke Brust endete jedoch nicht tödlich, da das »Geignmannl« nicht aus Fleisch und Blut, sondern eine aus Bronze gegossene Skulptur ist. Die Delle in seiner Brust zeugt allerdings heute noch von der frevlerischen Tat.

Feierlich eingeweiht wurde das symbolische Wahrzeichen der Geigenmacherstadt im Jahr 1927. Es würdigt die unzähligen Geigenbaumeister und Musikinstrumentenhersteller, die zur Entwicklung des Handwerks im Schönbacher Ländchen beigetragen haben. Der Sockel aus Sandstein ist mit kunstvollen Ornamenten verziert, die an die Schnecke einer Violine erinnern. Ein Geigenmacher thront auf einer steinernen Weltkugel und betrachtet prüfend sein Meisterstück.

Die Ursprünge des Geigenbaus reichen an diesem Ort vermutlich bis ins 16. Jahrhundert zurück. Mit wachsendem Bergbau, insbesondere der Zinnoberförderung in Oberschönbach, kamen nicht nur Bergleute, sondern ebenso Instrumentalisten in die Region. Später, mit dem Niedergang des Erzbergbaus, stellte die Herstellung von Musikinstrumenten eine wichtige zusätzliche Einnahmequelle dar. Seit Mitte des 17. Jahrhunderts avancierte Schönbach dann zum Zentrum des Geigenbaus, die Instrumente verkauften sich in die ganze Welt.

Damit war in diesem Umfang 1945 Schluss. Die Deutschsprachigen wurden aus der Region vertrieben, unter ihnen etwa 1.600 Instrumentenbauer aus Schönbach. Viele davon siedelten sich mit ihren Familien in Bubenreuth an, wo sie die Kunst des Geigenbaus fortführten. Die bayerische Gemeinde ist heutzutage Partnerstadt von Luby und besitzt eine Nachbildung des Denkmals.

Adresse Masarykova 165, 351 37 Luby (Schönbach), Tschechien | Anfahrt A 72, Ausfahrt Plauen-Süd, B 92 über Oelsnitz bis Adorf, links B 283, weiter über Markneukirchen, im Ort rechts Wohlhausener Straße, Straßenverlauf über Wernitzgrün folgen bis Zentrum von Schönbach | Tipp Schräg gegenüber dem Geigenbauer-Denkmal befindet sich eine Mariensäule aus dem Jahr 1699. Die Statue mit zwei Gesichtern ist eine Rarität in Tschechien.

55 Das Musikinstrumenten-Museum

Eine Sammlung für Augen und Ohren

Musik liegt in der Luft, wenn man zwischen Markneukirchen, Schöneck und Klingenthal unterwegs ist, denn im Vogtland haben Musik und Instrumentenbau eine lange Tradition. Insbesondere der weithin bekannte Musikwinkel im oberen Vogtland kann auf eine beeindruckende Geschichte des Musikinstrumentenbaus zurückblicken. Um 1670 suchten böhmische Geigenbauer aus dem nahe gelegenen Kraslice (Graslitz) Schutz vor religiöser Verfolgung und ließen sich mit ihrem Wissen und handwerklichen Können in Markneukirchen und Klingenthal nieder. Zu dieser Zeit schlossen sich zwölf von ihnen zusammen und gründeten im Jahr 1677 die erste Geigenmacherinnung. Seitdem wird das Jahr als die Geburtsstunde des vogtländischen Musikinstrumentenbaus angesehen. Weitere Meister brachten nicht nur Geigen in die Stadt, bereits 100 Jahre später wurden alle anderen Orchesterinstrumente ebenfalls gefertigt. Der sächsische Musikwinkel gewann an Bedeutung und Reichtum und entwickelte sich schließlich zum absoluten Hotspot für den Bau von Musikinstrumenten in Deutschland.

Der Musikinstrumentenbau in Markneukirchen zählt zum immateriellen Kulturerbe, den heutzutage rund 100 Handwerksbetriebe am Leben halten. Dieser jahrhundertealten Tradition kann man im Musikinstrumenten-Museum nachspüren. Ein spätbarockes Bürgerhaus aus dem Jahr 1784 beherbergt die ständige Ausstellung des Museums, in der nahezu 1.600 Musikinstrumente zu sehen sind. Auch Unikate und Kuriositäten gibt es zu entdecken, beispielsweise die größte spielbare Geige der Welt, eine Geige in Streichholzschachtel-Größe und eine Riesentuba. Musik zum Anfassen bietet der Weltmusikgarten im Außenbereich, wo man musikalisch um den Globus reisen kann. Dort können verschiedene Exponate ausprobiert werden, wie eine Melodietreppe, ein Summstein und eine Resonanzwiege. Dieses Museum macht Geschichte zu einem wahrlich klangvollen Erlebnis.

Adresse Bienengarten 2, 08258 Markneukirchen, www.museum-markneukirchen.de | **Anfahrt** A 72, Ausfahrt Plauen-Süd, B 92 in Richtung Oelsnitz, Straßenverlauf folgen bis links B 283, rechts Adorfer Straße, im Kreisverkehr erste rechts Breite Straße, rechts Trobitzschen, Parken Ecke Trobitzschen / Leithen | **Öffnungszeiten** Di – So 10 – 16 Uhr, Weltmusikgarten April – Okt. | **Tipp** In Hüttels Musikwerke-Ausstellung in der Hauptstraße 10 im Markneukirchener Ortsteil Wohlhausen wird die längst vergangene Ära der mechanischen Musikinstrumente erlebbar. Die private Sammlung umfasst rund 100 spielbare Ausstellungsstücke, angefangen bei Spieldosen über Orchestrien bis hin zu Kirmesorgeln (www.huettel-musikwerke.de).

56 Die Zitronenpresse

Über 27 Stufen dem Himmel neun Meter näher

Viel Phantasie bedarf es nicht, um in dem Aussichtspavillon am Wirtsberg eine Zitronenpresse zu erkennen. Andere vergleichen das Gebäude mit einer Mondlandefähre. Tatsächlich wirken die Ausleger wie Landebeine, und so möchte man in einem Anflug von Raumfahrtbegeisterung beinahe »*The eagle has landed!*« ausrufen. In Wirklichkeit diente ein – eher profaner – Kohlemeiler als Vorlage, der in der Nähe vom Wirtsberg betrieben wurde.

Bis in die Mitte der 80er Jahre stand auf dem Wirtsberg ein begehbares Gerüst eines trigonometrischen Punktes. Wind und Wetter hatten allerdings dafür gesorgt, dass der Zugang wegen Baufälligkeit gesperrt werden musste. Um weiterhin einen Fernblick aus erhöhter Position genießen zu können, wurde der Architekt Benno Kolbe mit dem Bau einer Schutzhütte beauftragt. Dieser ließ sich nicht zweimal bitten. Nachdem seine Blaupause eines achteckigen Gebäudes über zwei Etagen mit einer verglasten und überdachten Aussichtsplattform abgesegnet war, ging es an die Umsetzung. Dazu rekrutierte Kolbe Handwerker aus der nahe gelegenen LPG und aus dem Freilichtmuseum Landwüst. Die gingen mit Begeisterung ans Werk, und so konnte bereits 1986 das neue Gebäude der Öffentlichkeit übergeben werden.

Als Baumaterial wurde überwiegend Holz verwendet. Das ist für Besuchende sofort offensichtlich, sobald sie das Innere betreten. Die freiliegenden Bretter und Balken der Konstruktion wirken, als hätte ein Riese mehrere Schachteln Streichhölzer aufeinandergeschichtet. Auf der Aussichtsebene angekommen, erleichtern Hinweisschilder die Orientierung. Interessanterweise musste das Schild, das die Richtung nach Bayern anzeigte, kurz vor der Wende auf Weisung von höherer Stelle abmontiert werden. Womöglich wären auch irgendwann die nach Westen ausgerichteten Fenster geschwärzt worden, hätte die friedliche Revolution nicht das sozialistische Regime hinweggefegt.

Adresse Am Wirtsberg, 08258 Markneukirchen-Landwüst | Anfahrt A 72, Ausfahrt Plauen-Süd, B 92 in Richtung Oelsnitz, Bundesstraße lange folgen bis links Rauner Straße, halb rechts Rohrbacher Straße, Parken an der Kirche, von hier 10 Minuten zu Fuß | Tipp In Landwüst befindet sich das Vogtländische Freilichtmuseum. In zahlreichen historisch erhaltenen Gebäuden können Gäste auf Entdeckungsreise gehen, unter anderem zu sehen sind original erhaltene Wohnstuben, Werkstätten, Ställe, Scheunen und Remisen (www.freilichtmuseum-vogtland.de).

57 Der historische Hochofen

Süßer die Glocken nie klingen

In heutiger Zeit geht es in Morgenröthe im Tal der Großen Pyra beschaulich zu. Zu spötteln, hier würden sich Fuchs und Hase Gute Nacht sagen, nachdem abends die Bürgersteige hochgeklappt wurden, wäre zwar übertrieben, doch dem einen oder der anderen wird dieser Gedanke schon gekommen sein. Wer Erholung nahe der Natur sucht, sollte hier Zeit verbringen.

Ein Besuch des Hochofens der ehemaligen Glockengießerei muss dann zum Programm gehören. Kantig im Design und massiv gemauert, ist er der größte seiner Art in Sachsen und kann jederzeit kostenfrei besichtigt werden. Zahlreiche Informationstafeln beleuchten die Geschichte des Denkmals und vermitteln auch, wie eine Glocke gegossen wird.

Zugleich wird augenfällig, dass das Tal ehemals hoch industrialisiert war. Hier rauchten die Schlote wie eine Armee erzgebirgischer Räuchermännchen zur Weihnachtszeit. Die Geschäfte brummten, die Maschinen summten, von hier aus ging die Ware in die weite Welt. Allein im Zeitraum von 1918 bis 1968 wurden 10.381 Glocken gefertigt. Die größte hatte einen Durchmesser von 2,64 Meter, war 3 Meter hoch und wog 8,5 Tonnen. Sie wurde zum Allerheiligendom nach Riga geliefert. Ein geschickter Werbe-Clou gelang, als man dem »Urwaldarzt« Albert Schweitzer 1960 zu dessen 85. Geburtstag eine Glocke für sein Krankenhaus in Lambaréné im zentralafrikanischen Gabun schenkte. Das Besondere an den Morgenröther Glocken: Sie wurden aus Eisen gegossen, standen dabei den üblichen Bronzeglocken in der »Soundqualität« nachweislich aber nicht nach. Damit nun jedoch gar nicht erst der Kundengedanke aufkeimte, dass das Läuten einer Glocke aus Eisenguss sich dürftig anhören könnte, kam das Unternehmen auf die geniale Idee, sein Produkt »Klangstahlglocken« zu nennen.

Am 30.11.1968 vernichtete ein Großbrand das Eisenwerk. Ein Wiederaufbau fand nicht statt, da ohnehin eine Schließung für Mitte 1969 vorgesehen war.

Adresse Pyratalstraße, 08262 Muldenhammer-Morgenröthe | **Anfahrt** A 72, Ausfahrt Reichenbach, B 94 in Richtung Lengenfeld folgen bis in Rodewisch rechts auf B 169, weiter bis Auerbach, dort links auf Breitscheidstraße, Straßenverlauf folgen bis links auf B 283, in Rautenkranz links Morgenröther Straße, im Kreisverkehr rechts, Straßenverlauf folgen bis Morgenröthe | **Tipp** In der nur 15 Kilometer entfernten Ortschaft Schnarrtanne kann im Restaurant »Renoir« geschlemmt werden. Die Küche ist von Michelin mit dem »Bib-Gourmand« ausgezeichnet worden (steht für das beste Preis-Leistungs-Verhältnis im Guide Michelin).

58 Die MiG-21

Sandmanns Weltraumhochzeit

Wer die an der Kleinen Pyra gelegene Ortschaft Rautenkranz ohne jegliches Wissen über Raumfahrt besucht, wird sich angesichts eines Jagdflugzeuges verwundert die Augen reiben. Es steht in der Dr.-Sigmund-Jähn-Straße auf einem Betonsockel und scheint sich in den Himmel schwingen zu wollen.

Was macht eine MiG-21 aus der Zeit des Kalten Krieges in einem friedlichen Dorf nahe der deutsch-tschechischen Grenze? Und löst man den Blick vom silber glänzenden »Vogel«, so fällt sofort das große blaue Gebäude mit der Aufschrift »Raumfahrtausstellung« ins Auge. Unterhielt die DDR etwa in Rautenkranz einen Weltraumbahnhof? Oder warum widmet man sich hier dem All? Die Auflösung steckt bereits in dem oben erwähnten Straßennamen. Der am 13. Februar 1937 in Morgenröthe-Rautenkranz geborene Sigmund Jähn flog während seiner Zeit als NVA-Pilot eine MiG-21. Dafür erhielt er später jedoch nicht die Auszeichnung »Held der DDR«, denn einen Jet zu fliegen war zu jener Zeit nichts Ungewöhnliches mehr. Dagegen ins Weltall zu starten schon. Und genau das tat Sigmund Jähn als erster Deutscher überhaupt am 26. August 1978 an Bord der sowjetischen Raumkapsel Sojus 31. Anschließend verbrachte er rund eine Woche auf der Raumstation Saljut 6 und kehrte nach 124 Erdumkreisungen wohlbehalten am 3. September 1978 aus der Schwerelosigkeit zurück.

Funfact: Eine Sandmännchen-Puppe begleitete Sigmund Jähn bei der Weltraumreise; der sowjetische Kosmonaut Waleri Bykowski nahm die sowjetische Fernsehpuppe Mascha mit. Auf der Raumstation kam es dann zur Puppenhochzeit.

Der Ausflug ins All bescherte dem deutschen Kosmonauten ewigen Ruhm. Kein Wunder also, dass in Rautenkranz an ihn erinnert wird. Sigmund Jähn starb am 21. September 2019 im Alter von 82 Jahren. Seine letzte Reise musste er diesmal ohne das Sandmännchen antreten. Das blieb in einer Vitrine in der Weltraumausstellung zurück.

Adresse Dr.-Sigmund-Jähn-Straße 4, 08262 Muldenhammer-Morgenröthe-Rautenkranz | **Anfahrt** A 72, Ausfahrt Reichenbach, B 94 in Richtung Lengenfeld folgen bis in Rodewisch rechts auf B 169, weiter bis Auerbach, dort links auf Breitscheidstraße, Straßenverlauf folgen bis links auf B 283, in Rautenkranz Beschilderung zur Raumfahrtausstellung folgen | **Öffnungszeiten** MiG-21 keine, Deutsche Raumfahrtausstellung Di–So 10–17 Uhr, Montag geschlossen, außer an Feiertagen, www.deutsche-raumfahrtausstellung.de | **Tipp** Die ortsansässige Bäckerei Schürer verkauft das »Weltraumbrot«. Das Besondere daran: Es steckt in einer Konservendose und ist dadurch lange haltbar.

59 Die steinerne Schnecke

Von glibberigem Schleim keine Spur

Grundsätzlich besitzt eine Schnecke einen länglichen Körper, der von einer gewundenen Schale bedeckt ist. Einige haben flache, breite Schalen, während andere kegelförmige besitzen. Diese Hülle besteht aus einer harten, kalkhaltigen Substanz.

Die »Schnecke«, um die es hier geht, ist dagegen andersartig. Sie ist im Vergleich zu den eingangs erwähnten Weichtieren mit 23,4 Meter Höhe riesig. Das grauschwarze »Gehäuse« besteht aus Stein, befindet sich 883 Meter über dem Meeresspiegel, und einen schleimigen Körper sucht man vergebens. Und die Fachleute, die sich für diese Gastropoden interessieren, haben nicht Biologie studiert, sondern Geologie oder Mineralogie.

Wer nun bei dieser Riesenschnecke an ein Fossil aus dem Dinosaurier-Zeitalter denkt, liegt daneben. Die steinerne Schnecke ist der Fels mit dem Namen »Schneckenstein« nahe dem gleichnamigen Ort in der Nähe von Muldenberg. Der Fels ist strukturell spiralförmig gedreht und erinnert damit an ein Schneckenhaus. Er besteht aus Topas, einem Mineral, das optisch an Edelsteine erinnert. Topase können wie Diamanten geschliffen werden und sind damit für Schmuckdesigner interessant. Da das Mineral in dieser Region häufig zu finden ist, wird es gern als »Sächsischer Diamant« bezeichnet.

Oft wird der »Schneckenstein« als »einziger Topasfelsen Europas« bezeichnet. Das ist allerdings nicht zutreffend, denn einzigartig ist lediglich sein eigentümlicher Gesteinsaufbau und nicht das Vorkommen des Minerals.

Hoch zur Felsspitze windet sich eine gut abgesicherte Treppe. Von dort oben öffnet sich eine Fernsicht über das Vogtland. Dass dieser Ausblick bereits Adlige begeistert hat, beweist eine versteckte Inschrift am Fels: »Ihre Königliche Hoheit Prinz Friedrich August zu Sachsen bestieg diesen Felsen im Juli 1829«.

Übrigens: Bei der Suche nach dieser Zeile spielt Zeit keine Rolle. Flüchten kann diese Schnecke schließlich nicht.

Adresse Siedlungsstraße, 08262 Muldenhammer-Schneckenstein | **Anfahrt** A 72, Ausfahrt Reichenbach, B 94 in Richtung Lengenfeld folgen bis in Rodewisch rechts auf B 169, weiter bis Auerbach, dort links auf Breitscheidstraße, Straßenverlauf folgen bis rechts auf B 283, hinter Muldenhammer rechts Mühlbergweg, Straßenverlauf folgen bis rechts nach Schneckenstein, rechts Siedlungsstraße, nächste links Siedlungsstraße, nächste rechts Siedlungsstraße, auf dem Parkplatz parken, zum Topasfelsen von hier 10 Minuten zu Fuß (Ausschilderung folgen) | **Öffnungszeiten** Mai–Okt. täglich 10–16 Uhr | **Tipp** Im nahe gelegenen Besucherbergwerk »Grube Tannenberg« erhalten Besucher einen Einblick in die Arbeit eines Gangerzbergwerkes. Bei der einstündigen Tour werden rund 600 Meter Stollen befahren.

60__Die Ballonflucht

Eine tollkühne Fahrt

Die Sehnsucht nach Freiheit während der deutschen Teilung war für viele Ostdeutsche die treibende Kraft, einen Fluchtversuch zu wagen. So entbrannte fast 30 Jahre ein Katz-und-Maus-Spiel zwischen den Fluchtwilligen und den Grenzschützern – leider oft mit tödlichem Ausgang.

Dieser Gefahr sind sich die Familien Wetzel und Strelzyk durchaus bewusst, als sie sich in der Nacht vom 15. auf den 16. September 1979 auf der gerade einmal zwei Quadratmeter großen Plattform ihres in aller Heimlichkeit selbst konzipierten Heißluftballons drängen.

Um nicht ins Visier der Staatssicherheit zu geraten, hatten beide Familien während der Vorbereitungen das Material in zahlreichen kleinen Posten und an unterschiedlichen Orten erstanden. Alles, was irgendwie geeignet war – sei es Regenschirmseide, Bettlaken oder Zeltnylon –, wurde vernäht. So entstand eine Hülle von 28 Meter Höhe und 20 Meter Breite. Damit war der Ballon 1979 der größte seiner Art in Europa.

Nun soll diese fragile Apparatur acht Personen tragen. Um 2:40 Uhr heben sie ab. Der Wind steht günstig, doch kann jederzeit umschlagen. Wird die Fahrt gelingen? Ein Fluchtversuch mit einem anderen Ballon vor drei Monaten endete mit einer Bruchlandung. Sie steigen auf über 2.000 Meter. Die Brenner rauschen, die Nähte ächzen. Wird alles halten? Nach 28 Minuten geht das Gas aus, sie sinken. Die Landung gelingt, doch alle fragen sich, ob sie über die Grenze sind. Die Männer ziehen los, um Gewissheit zu erlangen. Wenig später treffen sie auf eine Polizeistreife, die ihnen bestätigt, die Bundesrepublik erreicht zu haben. Glücklich fallen Wetzel und Strelzyk sich in die Arme. Die waghalsige Fahrt in die Freiheit war gelungen.

Heute erinnert ein Denkmal am ehemaligen Landeplatz in einem Waldstück bei Naila an die geglückte Flucht. Die Ballonhülle ist seit Mai 2019 im Museum der Bayerischen Geschichte in Regensburg ausgestellt.

Adresse 95119 Naila-Dreigrün | Anfahrt A 9, Ausfahrt Neila/Selbitz, B 173 in Richtung Naila, Ortseingang Naila rechts St 2195, weiter geradeaus über die Selbitztalstraße bis links Bahnhofstraße, rechts Hauptstraße, geradeaus über Albin-Klöber-Straße, dieser folgen bis Ortsausgang, weiter bis zum Dreigrünteich, dahinter rechts, bis Ende durchfahren und parken, von hier circa 20 Minuten zu Fuß zum Landeplatz, Ausschilderung folgen | Tipp Im Seifengrund auf dem Gesundheits-Wanderweg (DÖ 96) bei Bad Steben zwischen der Berliner Straße und Hirschberglein befindet sich ein Arm-Kneippbecken. Eine Sitzgruppe im Schatten des »Schuhbaums« (»geschmückt« mit hineingeworfener Fußbekleidung) lädt zu einer erholsamen Pause ein.

61 Das »teuflische« Dorf

Im Winter wird es in dieser Hölle kalt

Menschen kommen in die Hölle, wenn sie während ihres Lebens schwere Sünden begangen haben oder moralischen Grundsätzen nicht folgen. Es erwartet sie dann ein unwirtlicher Ort mit Feuer und Hitze, seelische Qualen und Dämonen. Selbstverständlich gibt sich auch der Teufel die Ehre und lässt sich immer neue Garstigkeiten einfallen. Und das alles für die Dauer des Ablebens, ein äußerst langer Zeitraum. Nicht wirklich erstrebenswert.

Wo genau diese theologische Hölle zu verorten ist, weiß niemand. Wer allerdings auf der Suche nach der Hölle auf Erden ist, wird im bayerischen Vogtland fündig.

Umgeben von Feldern und Wäldern liegt die Gemeinde »Hölle« – wie fast nicht anders zu erwarten – am Eingang des von der Selbitz durchflossenen Höllentals. Die Geschichte des Ortes reicht mehrere Jahrhunderte zurück. Er gehörte einst zur Herrschaft Schwarzenbach und wurde im Laufe der Zeit zu einem eigenständigen Ortsteil von Naila. Gut 150 Seelen leben hier. Das, auf dem Ortsschild Teufelshörner zu finden sind, liegt nahe. Auch dass ein fünf Meter großer, blutrot angepinselter hölzerner Teufel die Einfahrt zur Höllentalstraße »bewacht«, erstaunt niemanden.

Möglicherweise überraschend ist dagegen das Element, wofür das Dorf überregional bekannt ist. Es ist eines, dass man in der theologischen Hölle herbeisehnt, aber vergebens sucht: Wasser!

Bereits 1907 wurde damit begonnen, vor Ort Mineralwasser abzufüllen. Bei einer Wanderung entlang des Erlebnispfades »Wasser« im Höllental kann das Wissen über Leitungs-, Tafel- und Mineralwasser aufgebessert werden. Und sollte während des Ausflugs eine grauenvolle Stimme zu hören sein, könnte es der Teufel selbst sein. So erging es einst einem Köhler im 19. Jahrhundert, der von dem Behuften heimgesucht wurde. Nur das Ausrufen sämtlicher Namen der Heiligen rettete den frommen Mann. Gut gerüstet sind somit die, die bibelfest daherkommen.

Adresse 95119 Naila-Hölle | Anfahrt A 9, Ausfahrt Berg / Bad Steben, Hofer Straße in Richtung Berg, Straßenverlauf über Issigau folgen bis Hölle | Tipp Im Infozentrum »Bahnhof Blechschmidtenhammer« zieht eine Modelleisenbahn ihre Kreise. Im Außenbereich wartet eine stillgelegte Lok nebst einigen Waggons auf Besucher.

62 Die Göltzschtalbrücke

So »spielte« man Minecraft damals

Dass die Göltzschtalbrücke das bekannteste Wahrzeichen des Vogtlandes ist, steht außer Frage. Sie zierte Briefmarken, und auch auf Bieretiketten ist sie abgedruckt. Jedes Jahr zieht das Eisenbahnviadukt unzählige Besucher an, die im Tal den Blick nach oben richten und die Baukunst des Architekten Johann Andreas Schubert bestaunen.

24 riesige Bögen, 574 Meter lang, 78 Meter hoch, erbaut aus 26 Millionen Ziegelsteinen, fertiggestellt im Jahr 1851; das sind Fakten, die sie dann auf den Informationstafeln lesen. Rüstzeug, das leider oft wieder vergessen wird, da eine treffende Einordnung fehlt. Das muss nicht sein, los geht's!

Es klingelt an der Haustür. Der Herr mit mehreren Rollkoffern stellt sich als Mitarbeiter der Lottogesellschaft vor. Er möchte den Jackpot in Höhe von 26 Millionen Euro auszahlen, kann dies aber leider nur mittels 1-Euro-Münzen erledigen. Die Tür vor der Nase zuschlagen würde ihm deswegen sicherlich niemand. Somit beginnt er, jede Sekunde ein Geldstück abzuzählen, Tag und Nacht, 24 Stunden rund um die Uhr. Es dauert und dauert. Nach 301 Tagen ist er endlich fertig und verabschiedet sich, die Gewinnerin freut sich über die Münzen.

Wären es Ziegelsteine gewesen, hätte sie jetzt eine riesige Brücke bauen können, die über einen halben Kilometer lang ist. 574 Meter sind fast sechs Fußballfelder hintereinander. Wären Tore aufgestellt, dann fände darunter problemlos die Leipziger Liebfrauenkirche oder der Trierer Dom Platz. Bei beiden fehlen sogar noch einige Höhenmeter, um mit der Brücke gleichzuziehen.

Während der Bauzeit Mitte des 19. Jahrhunderts wurde in Deutschland erstmalig versucht, eine Demokratie einzuführen. Und motorisierte Fahrzeuge gab es noch nicht, somit mussten die Baumaterialien mit Fuhrwerken herangeschafft werden.

Mit diesem griffigen Wissen im Hinterkopf dürfte nun der Besuch der Göltzschtalbrücke noch atemberaubender werden.

Adresse Brückenstraße 13, 08491 Netzschkau | Anfahrt A 72, Ausfahrt Reichenbach, B 94 in Richtung Reichenbach, Straßenverlauf von B 94 und B 173 folgen bis rechts Brückenstraße, Parkplatz direkt an der Brücke | Tipp Dem Leben des Architekten Johann Andreas Schubert hat das Dresdner Verkehrsmuseum eine multimediale Ausstellung gewidmet. Neben dem Baumeister selbst erzählen viele weitere Menschen an zahlreichen Hör- und Filmstationen von ihrem Alltag mit der Bahn, der Arbeit bei der Bahn und von Reisen mit der Bahn.

63 Der Fernweh-Park

Ferne Orte ohne Reisepass erkunden

Im Fernweh-Park ist es von »Seoul« nach »Chicago« nur ein Katzensprung. Zwar kommt man dabei an »Killer«, »Leichendorf« und »Opferbaum« vorbei, doch das sollte niemanden abschrecken. Es sind lediglich Ortsschilder. Und davon gibt es im Park zahlreiche.

Dabei ist die Zusammenstellung nicht zufällig, denn der Park wurde als Mitmachort konzipiert, an dem Besucher ihre Reiseträume, Wünsche und Sehnsüchte symbolisch ausdrücken dürfen. Das geschieht durch das Aufstellen von Schildern, auf denen die Namen von Städten, Ländern oder Regionen stehen, zu denen Mitmenschen eine Verbindung haben. Und die Sammlung ist noch lange nicht abgeschlossen. Wer von der Destination seiner Traumreise ein Schild mit nach Hause bringt, darf sich bei den Betreibern des Parks gern melden. Sollte es sich nicht gerade um eine Dublette handeln, wird eine offizielle Schilderübergabe initiiert. Das Gleiche gilt für Gäste aus dem Ausland. Sie sind aufgerufen, aus ihrer Heimat ein Schild mitzubringen. Mit Phantasie können also Besucher im Fernweh-Park eine Reise rund um den Globus antreten.

Zurück von dieser »Weltreise« können sie sich dann dem zweiten Schwerpunkt des Parks zuwenden: der »Hall of Fame«. Gut, zugegeben, eine Halle des Ruhms ist es vor Ort nicht, und es ist auch nicht der von den Parkbetreibern offiziell genutzte Terminus. Doch der Begriff ist griffig, und jeder weiß sofort, was gemeint ist. Wieder spielen Schilder die zentrale Rolle. Auf ihnen finden sich Schnappschüsse von Prominenten aller Genres und Couleur nebst Autogrammen stellvertretend für ein friedvolles Miteinander: die Ideologie des Fernweh-Parks.

Dass diese Anschauung seitens der Betreiber nicht nur ein Lippenbekenntnis ist, zeigt die Entfernung des von Gerhard Schröder signierten Ortsschildes von »Hannover«, nachdem der Altkanzler auch nach Russlands Überfall auf die Ukraine dem Kremlchef weiterhin die Treue hielt.

Adresse Fabrikstraße 11, 95145 Oberkotzau | Anfahrt A 93, Ausfahrt Hof-Süd, B 15 folgen bis rechts Ausfahrt nach Kautendorf, am Ende der Ausfahrt links Sankt-Martin-Straße und Straßenverlauf folgen, in Oberkotzau links Pfarrstraße, links Fabrikstraße, weiter bis Parkplatz des Fernweh-Parks | Tipp Auf dem Marktplatz im Ortskern von Oberkotzau plätschert der Sautreiberbrunnen. Er zeigt einen Viehhändler mit fünf Sauen und steht symbolisch für das im Mittelalter verliehene Marktrecht.

64__Der Erdäpfelkuchen

So schmeckt das Vogtland

Was könnte es Schöneres geben, als sich den Tag mit einem leckeren Stück Kuchen zu versüßen? Frisch aus dem Ofen, noch lauwarm serviert, ist er einfach unwiderstehlich und lässt jedes Naschkatzen-Herz höherschlagen.

Für den süßen Gaumen gibt es einen typisch vogtländischen Leckerbissen, den man sich nicht entgehen lassen sollte. Egal, wie man ihn nennt – Kartoffelkuchen, Erdäpfelkuchen oder Erdäpfelkuhng – jeder Bissen ist ein Genuss. Sein Geheimnis? Nun ja, der Name verrät es bereits – Kartoffeln! Klingt vielleicht erst einmal abwegig, ist es aber gar nicht, denn die gekochten Knollen verleihen dem Backwerk die besondere Geschmacksnote und eine fluffige Konsistenz. Gilt doch das Vogtland als Wiege des Kartoffelanbaus in Deutschland, so verwundert es nicht, dass die Erdäpfel in zahlreichen Varianten zubereitet werden. Warum also nicht auch mal als süßes Gebäck! In den Auslagen der Bäckereien ist der heimische Klassiker vielerorts zu finden.

Bäckermeister Roman Wunderlich, der mehrere Filialen und zwei Cafés im Vogtland betreibt, stellt seinen Kuchen nach einem besonderen Rezept her. Es handelt sich um das traditionelle Familienrezept von der aus Oelsnitz stammenden Sängerin und Moderatorin Stefanie Hertel. Die heimatverbundene Künstlerin konnte für eine Kooperation gewonnen werden, und die Idee war geboren, den Vogtländischen Erdäpfelkuchen auf Oma Hertels Art zu backen. Er besteht aus einem Hefeteig mit Rosinen, Mandeln, Zitronat, Orangeat und gekochten Kartoffeln, getoppt mit Butter und Zucker. Im Jahr 2017 gewann der Vogtländische Erdäpfelkuchen von Wunderlichs Backstuben den begehrten Zacharias-Preis, einen Branchenpreis des Bäckerhandwerks. Und der ist nicht nur kulinarisch ein Hit, Stefanie Hertel hat ihm sogar ein Lied gewidmet. Eine Reminiszenz an den Kartoffelkuchen ihrer Oma – »Großmutters Erdäpfelku'ng, den muss mer warm versu'ng …«.

Adresse Café Wunderlichs Backstuben, Fabrikstraße 1, 08606 Oelsnitz/Vogtland, www.wunderlichs-backstuben.de | **Anfahrt** A 72, Ausfahrt Plauen-Süd, B 92 in Richtung Oelsnitz bis rechts in die Fabrikstraße | **Öffnungszeiten** Mo–Sa 6–17 Uhr, So 6–13 Uhr | **Tipp** Das Drogeriemuseum in der Löwen-Drogerie versetzt seine Besucher in die Zeit um 1900 zurück. Selbst hergestellte Kräuterliköre, der Drogistengeist und Drogistenbitter sind im Laden erhältlich.

65__Die Persiluhr

Reklame mit Nutzwert

Auch wenn Mathilde inzwischen über 100 Jahre alt ist, ist sie immer noch in den Köpfen vieler fest mit dem Waschmittel Persil verbunden. Seit 1922 strahlt die junge Dame von den Werbetafeln der Firma Henkel vorbeiziehende Passanten an. Was wenige wissen: Die junge Frau ist nicht etwa eine Kunstfigur, die einige findige Marketingköpfe entworfen haben. Es gab sie wirklich, und sie war zum Zeitpunkt der Aufnahme die 18-jährige Freundin des Berliner Künstlers Kurt Heiligenstaedt. Der bekannte Karikaturist wurde seinerzeit vom Unternehmen Henkel beauftragt, ein Werbeplakat zu entwerfen. Kaum war die Tinte unter dem Vertrag getrocknet, kaufte Heiligenstaedt einen Florentinerhut und ein modisches Kleid. Damit ließ er seine Freundin Modell stehen. Nicht von ungefähr wählte er dabei die »Farbe«, die immerwährend für Reinheit und Sauberkeit steht: Weiß! Was würde auch besser zu einem Waschpulver passen? Mit dieser genialen Kombination der modisch gekleideten jungen Frau, gepaart mit einer »blütenreinen weißen Weste«, erschuf er in kürzester Zeit wohl eins der weltweit bekanntesten Werbesymbole.

Zugleich muss Heiligenstaedt aber attestiert werden, deutlich kreativer gewesen zu sein als diejenigen, die Persil den Namen gegeben haben. Denn der Produktname setzt sich schlicht aus den beiden Anfangssilben der ursprünglichen Hauptbestandteile Perborat und Silikat zusammen.

Wer nun mit dem neuen Wissen im Gepäck ein Rendezvous mit der jungen Dame anstrebt, der muss zum Heppeplatz in Oelsnitz reisen. Seit dem Jahr 2000 steht hier wieder eine Persiluhr und ersetzt damit die, die im Jahr 1962 abgebaut wurde. In unmittelbarer Nähe ist ein kleiner Park, durchflossen von der Weißen Elster, wo das historische Zoephelsche Haus und die Sankt-Jakobi-Kirche zu finden sind. Zusammen machen sie den Stadtkern zu einem Kleinod, in dem Mathilde garantiert gern spazieren gegangen wäre.

Adresse Heppeplatz/Ecke Am Jahnteich, 08606 Oelsnitz/Vogtland | **Anfahrt** A 72, Ausfahrt Plauen-Süd, B 92 in Richtung Oelsnitz, in Oelsnitz links abbiegen auf Am Jahnteich, die Uhr befindet sich dann auf der linken Seite | **Tipp** Westlich der Stadt Oelsnitz grenzt das Naherholungsgebiet »Talsperre Pirk« an. Die Badewasserqualität ist ausgezeichnet. Wer sich nicht nass machen möchte, kann sich ein Boot leihen oder den Seeblick von den zahlreichen Wanderwegen aus genießen.

66 Der Sperkenbrunnen

Dagegen ist Harry Potter ein Waisenknabe

Unheimliches ereignete sich einst in Oelsnitz. Nach dem Zuzug eines in der Hellseherei und Heilkunst bewanderten Gesellen passieren plötzlich im Stadtgebiet verstörende Dinge. Rasch zählte man eins und eins zusammen, was zur damaligen Zeit bedeutete: Der Fremde musste ein gefährlicher Schwarzkünstler sein. Die Logik erschließt sich heutzutage zwar niemandem, doch damals führten diese Indizien den Zauberer schnurstracks auf den Scheiterhaufen. Allerdings: So ganz von der Hand zu weisen war es nicht, dass er tatsächlich Superkräfte besaß. Denn das Holz anzuzünden gelang den Oelsnitzern nicht. Kurzerhand führten sie daher den Zauberer zum Galgen. Kaum dort angekommen setzte der inzwischen verärgerte Mann aber einen »finsteren Blick« auf, und die Anwesenden verstummten. »Auf einmal so still, ihr Spatzen?«, fragte er, schleuderte seinen Hut in die Menge und verwandelte damit alle in Sperlinge. Gemäß der Überlieferung kommt es dann noch zu einem Massaker unter den Spatzen, ein Rabe taucht auf, und irgendwann ist der Spuk dann vorüber.

Zurück blieben nicht nur zahlreiche tote Spatzen, sondern auch der Spitzname »Sperken« für die Oelsnitzer.

Der vom Bildhauer Peter Luban geschaffene Brunnen auf dem Marktplatz stellt diese Sage nach. Eine Besonderheit offenbart der Platz, auf dem der Brunnen steht, denen, die das Glück haben, den 43 Meter hohen Rathausturm besteigen zu dürfen. Das ist nach Voranmeldung möglich oder beim alljährlichen »Sperkenfest« erlaubt. Dort oben kann nicht nur das historische Uhrwerk bestaunt werden, sondern man kann auch zum Brunnen hinunterschauen. Dabei wird ersichtlich, dass er inmitten eines »gepflasterten Teppichs« im orientalischen Stil steht.

Wer sich nicht gedulden möchte, der öffnet einfach im Internet einen renommierten Kartenanbieter, ruft die Satellitenansicht auf und betrachtet sich dort die Stadtmitte von Oelsnitz.

Adresse Markt 1, 08606 Oelsnitz/Vogtland | Anfahrt A 72, Ausfahrt Plauen-Süd, B 92 in Richtung Oelsnitz, in Oelsnitz links Am Jahnteich, rechts Kirchstraße, links Kirchplatz, rechts Egerstraße, links Doktor-Külz-Straße, Parken am Marktplatz | Tipp Brot, Kuchen und Gebäck hält die Backstube »Wunderlich« in der Fabrikstraße bereit. Bei schönem Wetter können die Sonne und der Kaffee auf einer großen Terrasse genossen werden.

67_Der Erdmittelpunkt

Jules Verne hätte seine Freude daran gehabt

Unsere Sprache kreiert seltsame Wortungeheuer. Ob Donaudampfschifffahrtsgesellschaftskapitänsmützen, Aufmerksamkeitsdefizit-Hyperaktivitätsstörung oder Erdachsendeckelscharnierschmiernippelkommission: Wer Deutsch als Fremdsprache lernt, hat augenzwinkerndes Mitleid verdient. Das sollte man auch denen zukommen lassen, die die Aufgabe haben, derartige Buchstabenmonster zu erklären. Bei den beiden Erstgenannten sollte das Allgemeinwissen noch für eine zufriedenstellende Erläuterung ausreichen. Aber was zum Teufel ist das Letztgenannte für ein Ding?

Die Auflösung findet sich in der kleinen Stadt Pausa. Schon von Weitem ist auf dem Dach des Rathauses ein blauer Glasglobus zu erkennen. Seit 1934 dreht sich hier diese 1.200 Kilogramm schwere Kugel, deren Aufschrift darauf hinweist, dass Pausa der Mittelpunkt der Erde ist.

Findige Hobbywissenschaftler werden nun rasch feststellen, dass dieser Sachverhalt unmöglich stimmen kann. Rein theoretisch betrachtet haben sie damit auf den ersten Blick auch durchaus recht. Doch bei genauerem Hinsehen und entsprechender Interpretation könnte doch ein Fünkchen Wahrheit daran sein. Hierzu bedarf es einer Karte des Vogtlands und eines Zirkels. Wenn man diesen dann in Pausa ansetzt und bis an die nördliche Grenze des ehemaligen Fürstentums Reuß j.L. einen Kreis beschreibt, so erhält man ungefähr die Grenzen des alten Vogtlandes. Und da für Einheimische das Vogtland gleichzusetzen ist mit »Welt«, ist Pausa somit Dreh- und Angelpunkt dessen.

Und um überhaupt keine Zweifel daran aufkommen zu lassen, ragt im Keller des Rathauses zusätzlich die Erdachse aus dem Boden. Wer möchte, darf diese Welle gegen einen kleinen Obolus mit »Erdachsen-Öl« schmieren. Und damit die Welt nicht durch Schabernack aus den Fugen gerät, wacht die oben genannte Kommission über den ordnungsgemäßen Gebrauch des Schmiermittels und den Erhalt der Tradition.

Adresse Neumarkt 1, 07952 Pausa-Mühltroff | **Anfahrt** A 9, Ausfahrt Schleiz, B 282 in Richtung Schleiz, Straßenverlauf der Bundesstraße bis Oberpirk folgen, dort links Pausaer Straße, Straßenverlauf folgen bis nach Pausa, im Ort links Braugasse, Parken am Rathaus | **Öffnungszeiten** Mo–Fr 8–18 Uhr, Sa, So 9–18 Uhr | **Tipp** Ebenfalls am Neumarkt befindet sich eine Straßenlaterne mit gusseisernem Lampenstiel aus dem angehenden 20. Jahrhundert. Sie gehörte zur ersten öffentlichen Straßenbeleuchtung in Pausa und ist daher heutzutage von technikgeschichtlicher Bedeutung.

68 Der Aufsteigende

Ein Kletterer ohne Kletterfelsen

Beim Lesen einer Begebenheit kommt es mitunter zu einem Déjà-vu. Man zermartert sich den Kopf, wann es einem denn wo, wie und in welchem Zusammenhang bereits untergekommen ist. Langsam kehren die Eindrücke zurück, und schlussendlich fügt sich eine Verbindung zusammen.

Ein Selbstversuch gefällig? Gern! Hier die Geschichte: Der Bildhauer Fritz Cremer erschuf in den Jahren 1966/67 eine 2,96 Meter große Bronzefigur mit dem Titel »Der Aufsteigende«. Der Künstler möchte mit der Plastik den Kampf der Menschen in ihrem Streben nach Befreiung ausdrücken. Die Figur steht auf einem Betonsockel auf dem Bärenstein in Plauen und streckt den rechten Arm nach oben. Aber nicht nur dort ist »Der Aufsteigende« anzutreffen. Sein »Zwillingsbruder« schmückt den Park des UN-Hauptquartiers in New York, ein Geschenk der DDR aus dem Jahr 1975.

Und? Déjà-vu-mäßig? War da nicht mal was?

Die Auflösung: 1875 entwarf der Franzose Frédéric Auguste Bartholdi eine Plastik, die den USA von Frankreich im Jahr 1886 als Geschenk zur Befreiung von der Kolonialherrschaft übergeben wurde. Die Figur steht ebenfalls in New York – dort auf einem Sockel – und streckt den rechten Arm nach oben. Und wie beim »Aufsteigenden« gibt es auch hier eine »Zwillingsschwester«. Die ist in Paris aufgestellt. Inzwischen wird es klick gemacht haben, und die Freiheitsstatue erscheint vor dem geistigen Auge.

Wer nun denkt, nicht nur Geschichte wiederholt sich, sondern auch Kunst, tut dem Künstler unrecht. Auch wenn Eckpunkte mit der Freiheitsstatue vergleichbar sind, so möchte Cremer mit seiner Bronzeplastik noch viel mehr ausdrücken. Sie versinnbildlicht das Leiden der Menschen in ihrem Kampf um Befreiung von den Fesseln ihrer Vergangenheit und symbolisiert den Aufstieg zu Höherem, indem sie sich ihrer historischen Rolle bewusst werden. Und das passt doch ausgezeichnet zum Leitbild der Vereinten Nationen.

Adresse 08523 Plauen | **Anfahrt** A 72, Ausfahrt Plauen-Ost, B 173 in Richtung Plauen, folgen bis geradeaus Chamissostraße, links August-Bebel-Straße, rechts Bahnhofstraße, Parken am Rathenauplatz, von hier 5 Minuten zu Fuß | **Tipp** Auf dem höchsten Punkt des 430 Meter hohen Bärensteins erhebt sich der Bärensteinturm. Er gewährt einen wunderschönen Rundblick über die Dächer von Plauen.

69 Das Malzhaus

Rio Reisers letzter Auftritt

Kaum zu glauben, aber wahr: Bereits ein »C« anstatt eines »K« reichte in der DDR aus, um von den Oberen argwöhnisch beäugt zu werden. Das hinderte die Gründungsmitglieder des »Club Malzhaus« jedoch nicht daran, 1973 trotzdem die englische Schreibweise für ihr Tanzlokal in den Katakomben des Plauener Malzhauses zu verwenden. Bei dieser Provokation blieb es zudem nicht. Couragiert wurden Veranstaltungen an der FDJ-Leitung vorbei organisiert, und man widersetzte sich auch jeglicher Einflussnahme durch andere Staatsorganisationen. Es kam, wie es kommen musste: Der Staatssicherheit war das alles ein Dorn im Auge, und sie fokussierte sich auf die Szene. Zu Spitzenzeiten spitzelten über 40 inoffizielle Mitarbeiter im verrauchten Keller, immer auf der Suche nach staatsfeindlichen Äußerungen. Offenbar trugen sie über die Jahre genug Material zusammen. Denn 1982 wurde das »konterrevolutionäre Zentrum Club Malzhaus« von der Staatsmacht kompromisslos dichtgemacht.

Vermutlich hätte die kulturelle Szene niemals dorthin zurückkehren können, wenn nicht die Wende gekommen wäre. 1990 gelang es einem entschlossenen neuen Malzhaus-Team – um einige Alt-Club-Mitglieder herum gegründet –, der ehemaligen Malzfabrik neues Leben einzuhauchen und sie als Kulturzentrum wiederzueröffnen. Umfangreiche Sanierungs- und Umbauarbeiten folgten – und auch Rio Reiser folgte am 24. Mai 1996 der Einladung in die Kulturstätte. Was damals wohl nur die wenigsten ahnen konnten: Der »König von Deutschland« trat in Plauen zum letzten Mal auf. Schon vor Antritt der Deutschland-Tour war Rio Reiser gesundheitlich angeschlagen. Trotzdem spielte er 16 von seinen 24 geplanten Konzerten. Nach dem Auftritt im Malzhaus musste er jedoch die Tour abbrechen. Wenige Monate später verstarb er im Alter von 46 Jahren.

Eine Gedenkplakette an der Außenfassade des Malzhauses erinnert an den beliebten Künstler.

Adresse Alter Teich 7–9, 08527 Plauen, www.malzhaus.de | Anfahrt A 72, Ausfahrt Pirk, B 173 in Richtung Plauen, in Plauen links B 92, dann rechts Straßberger Straße, weiter bis rechts Kirchstraße, rechts Topfmarkt, dort parken | Tipp Ein akustisches Erlebnis bietet die Friedensbrücke bei der Sternquell-Brauerei. Stellt sich eine Person an das eine Ende des großen Bogens und die andere auf die andere Seite, so kann man sich leise unterhalten.

70 Die Vater-und-Sohn-Ampel

Alles begann mit einem lauten Knall

Den Anfang nahm der Siegeszug 1868 in London. Bereits mit den heute gültigen Farben regelte am Platz vor dem Parlament die erste Ampel überhaupt den Verkehr. Allerdings muss dieser Anlage im Nachhinein eine gewisse Obsoleszenz bescheinigt werden, denn sie wurde leider mit Gas betrieben, was bereits nach kurzer Zeit zu einem »explosiven Exitus« führte.

Infolge dieser Erfahrung nutzten die Entwickler fortan Strom zum Betreiben der Lichtzeichen. Eine gute Wahl, denn damit musste niemand mehr beim Warten an einer Ampel um sein Leben fürchten. So hatten die Berliner auch keine Bedenken, 1924 ihre erste Ampel in Betrieb zu nehmen. Die findigen Kopenhagener weiteten das Konzept 1933 dann auch auf Fußgänger aus, was die New Yorker derart praktisch fanden, dass sie 1952 ebenfalls Ampeln für Passanten einführten. Sie entschieden sich dabei für die Wörter »Walk« und »Don't Walk« als Zeichen. Andere Länder setzten lieber auf Symbole. Bekannt dürften zum Beispiel die Ost-Ampelmännchen des Entwicklers Karl Peglau sein. Obwohl deutschlandweit grundsätzlich normierte Symbole verwendet werden, weichen einige Anlagen davon ab. So gibt es in Emden eine »Otto-Waalkes-Ampel«, in Bremen leuchten die Stadtmusikanten den Weg, und in der rheinland-pfälzischen Landeshauptstadt sind die Mainzelmännchen unterwegs.

Und dort, wo in Plauen die Syra- und die Hammerstraße aufeinandertreffen, findet sich die »Vater-und-Sohn-Ampel«, die an den Künstler Erich Ohser alias e.o.plauen erinnert. Seine Comicwesen wurden 1962 von der Zeitschrift »Zeit« zu den »populärsten Witzfiguren des Jahrhunderts« erkoren.

Übrigens: Von der besagten Ampel zur »Galerie e.o.plauen im Erich-Ohser-Haus« ist es nicht weit. Dort besteht die Möglichkeit, mehr über den Ausnahmekünstler zu erfahren.

Adresse Kreuzung Syra- und Hammerstraße, 08523 Plauen | **Anfahrt** A 72, Ausfahrt Plauen-Ost, B 173 in Richtung Plauen, B 173 folgen bis rechts Syrastraße, weiter bis Kreuzung mit der Hammerstraße | **Tipp** Die Stadt Plauen ist untrennbar mit der »Plauener Spitze« verbunden. Das Spitzenmuseum im Alten Rathaus präsentiert Erzeugnisse und zeigt deren historischen Wandel in Produktion und Gestaltung.

71 Das Wende-Denkmal

Wir sind das Volk

Was zunächst aussieht wie eine übergroße Getränkedose, entpuppt sich bei näherer Betrachtung als eines der durchdachtesten Mahnmale der Neuzeit: das Wende-Denkmal. Es wurde nach einem Entwurf des Rößnitzer Künstlers Peter Luban gestaltet, am 1. Oktober 2010 am »Tunnel«, dem zentralen Platz in Plauen, enthüllt und erinnert an die Ereignisse im Herbst 1989.

In unsrer Zeit eilen die Menschen mit ihren Einkäufen vorbei. Doch am 7. Oktober 1989 fanden sich Tausende Bürger an Ort und Stelle ein und demonstrierten friedlich für Meinungs- und Reisefreiheit, politische Mitsprache und ein Ende der SED-Herrschaft. Allen Teilnehmenden musste klar gewesen sein, wie gefährlich ihr Unterfangen war. Schließlich hatte es bereits Aufstände im Osten – sogar auch im eigenen Land am 17. Juni 1953 – gegeben, die allesamt von der Staatsmacht niedergeschlagen wurden.

Doch einem Wunder gleich geschah das an jenem Tag nicht. Wie die Geschichte ausging, dürfte weitestgehend bekannt sein. Bereits knapp ein Jahr nach diesem ereignisreichen Herbst war die DDR durch die Wiedervereinigung obsolet. Und sollten die Ereignisse nicht mehr vollumfänglich präsent sein, hilft das Wende-Denkmal über Wissenslücken hinweg. Es besteht aus drei Bronzesegmenten und einem beleuchteten Körper, der eine Kerze symbolisiert. Der linke Teil des Bronzemantels stellt die bedrückende Situation in der DDR dar. Der mittlere thematisiert die Begebenheiten im Oktober 1989, und der rechte benennt Orte, die während der Unterdrückung geistige Freiräume ermöglichten.

Zudem ist dort auch ein Pferd abgebildet, eine Anspielung auf George Orwells »Farm der Tiere«. Das Pferd steht für seine Rolle als Mahner und Warner. In der DDR durfte das Buch nicht erscheinen, selbst der Besitz war bereits illegal. Heutzutage darf eine Figur aus der Parabel ein Denkmal zieren. Wirkungsvoller kann Freiheit kaum verdeutlicht werden.

Adresse Melanchthonstraße 1a, 08523 Plauen | Anfahrt A 72, Ausfahrt Plauen-Ost, B 173 in Richtung Plauen, B 173 folgen bis rechts B 92, rechts Dobenaustraße, links Theaterstraße, rechts Melanchthonstraße, hier parken | Tipp Nur einige Meter entfernt, inmitten der Fußgängerzone, befindet sich eine Filiale von McDonald's. Die Besonderheit: Es war das erste Restaurant der Kette in Ostdeutschland. Eine Informationstafel am Gebäude erinnert daran.

72 Das Pfahlhaus

Land der 1.000 Teiche

Wer die Idylle sucht, findet sie rund um den 28 Hektar großen Hausteich in Plothen. Der See gehörte früher zu einer Teichlandschaft, bestehend aus rund 1.600 Gewässern, die im Mittelalter von Mönchen angelegt wurden. Von den Gewässern haben rund 600 die Zeit überdauert, von denen noch heute viele in alter Tradition zur Fischzucht benutzt werden. Die Seen sind mit einem Grabensystem verbunden und werden allein durch Niederschläge gespeist. Daher werden sie auch »Himmelsteiche« genannt. Mit ein wenig Glück zur rechten Zeit am rechten Ort kann man den Fischern zusehen, wie sie mit ihren Kähnen in See stechen. Gesellen sich dann noch herumstolzierende Reiher und durch die Luft schwirrende Libellen dazu, dann wähnt man sich dem Paradies auf Erden schon recht nahe. Die reinste Sinfonie der Natur.

Zumal der Hausteich noch einen weiteren malerischen, dazu noch äußerst ungewöhnlichen Blickfang bietet: das Pfahlhaus. Seit dem 17. Jahrhundert steht es am Westufer. Die wasserumspülten Holzstämme, die das Haus tragen, trotzen Wind und Wetter, ein Holzsteg verbindet den Eingang mit dem Ufer. Einst diente das Gebäude dem Fürstentum Reuß ältere Linie als Jagdhütte und zur Repräsentation. 1878 erwarb das Rittergut Knau die Liegenschaft. Die neuen Herren verpachteten das Pfahlhaus für gastronomische Zwecke, was sich für die Wirtsleute als äußerst lukrativ herausstellte. Denn angelockt von der herrlichen Landschaft und dem feinschmeckerischen Angebot blühte der Ausflugsverkehr in den folgenden Jahrzehnten auf.

Der Zweite Weltkrieg beendete dann den Tourismus, und ab 1958 diente das Pfahlhaus als Geräteraum und Futtermittellager. 1991 wurde das alte Gebäude unter Denkmalschutz gestellt und später aufwendig restauriert. Inzwischen beherbergt das Pfahlhaus das Museum für Fischerei- und Teichwirtschaft. Zusätzlich gibt es eine kleine Ausstellung über die Geschichte des Hauses.

Adresse Ortsstraße 46a, 07907 Plothen | Anfahrt A 9, Ausfahrt Dittersdorf, L 1077 in Richtung Dittersdorf, Kreisverkehr erste rechts Ortsstraße, Straßenverlauf folgen bis rechts Hausteichstraße, weiter bis Parkplatz »Plothener Teiche« | Öffnungszeiten April–Okt. So und Feiertage 13–16 Uhr, im Okt. auch Sa 13–16 Uhr | Tipp Im Gasthaus »Zum Plothenteich« in Plothen können Ausflügler Genusspakete kaufen. Ob hartgekochte Eier, belegte Brötchen, Radler, Wasser oder Bier – für jede Vorliebe ist etwas zu finden.

73 Der Bilderbogen

Ein Kompendium vogtländischer Originale

Sie war ein vogtländisches Original, die »Neideiteln«, eine resolute Marktfrau aus Plauen. Jede Woche gab die literarische Figur in einer Kolumne Ereignisse, Erlebnisse und Witze zum Besten. Und das in ausgeprägter Mundart. Ein Beispiel:

Af dr Strooß treffen siech zwah Mannsen. Do fängt dr aane ah: »Horch amol, Kort, du host diech ober verännert.«

Dr schaut ne derstaunt ah un maant: »Iech haß doch gar net Kort.«

»Wos, Kort haaßt de ah nimmeh?«

Sie war eine beliebte Entertainerin zu einer Zeit, als der Begriff noch gar nicht Einzug in den Duden gehalten hatte.

Kein Wunder also, dass der Künstler und Diplom-Formgestalter Klaus Helbig der eloquenten Dame mit dem frechen Mundwerk an seinem »Vogtländischen Bilderbogen« einen Platz eingeräumt hat.

Dieses Kunstwerk wurde Ende der 1980er Jahre des letzten Jahrhunderts errichtet und stellt mittels Figuren vogtländisches Brauchtum und Handwerk dar. Ziel war es, das Ortszentrum von Jocketa künstlerisch aufzuwerten, was bestens gelungen ist. Die Darstellungen sind aus feuerverzinktem Stahlblech gestaltet und auf einem sechs mal sechs Meter großen, begehbaren, pavillonähnlichen Holzrahmen befestigt. Neben der »Neideiteln« gibt es weitere Originale zu entdecken. So geben sich unter anderem auch der »Blume-August«, die »Kloßfrau«, das »Reisigweibel« und der »Zipfelsgörg« die Ehre. Letzterer war ein derart teuflisch guter Geiger, dass der vogtländisch-erzgebirgische Komponist Hilmar Mückenberger ihm das Volkslied »D'r Zipfelsgörg« gewidmet hat. Noch heute gehört dieses beliebte Stück zum Repertoire der Sängerin Stefanie Hertel. Wer das Internet bemüht, findet problemlos Videos dazu. Das Reinhören ist allerdings eine besondere Herausforderung, denn der Liedtext ist – wie das oben zitierte Bonmot – in breiter vogtländischer Mundart abgefasst. Eine erfreuliche Botschaft zum Schluss: Die Besichtigung des Kunstwerks ist kostenfrei.

Adresse Straße der Freundschaft 1, 08543 Pöhl-Jocketa | Anfahrt A 72, Ausfahrt Treuen, links S 298 in Richtung Herlasgrün, hinter Herlasgrün links S 297, rechts Pöhler Straße, links Bahnhofstraße, dieser folgen bis Parkplatz an der Straße der Freundschaft | Tipp Die kleine Nachbargemeinde Bartmühle im Tal der Weißen Elster ist ein ausgezeichneter Ausgangspunkt, um die imposante Elstertalbrücke zu besichtigen. Sie ist die »kleine Schwester« der Göltzschtalbrücke und ebenfalls aus Millionen von Ziegelsteinen errichtet.

74 Das »Dienesn-Heisla«

Klein, aber oho!

Was ein »Heisla« ist, werden die meisten noch erraten. Ein »Heisla« ist ein Haus, klar, so weit, so eindeutig. Aber weiter: »Dienesn« leitet sich von »Tinis'n« ab, der Spitzname der Familie, die hier mehrere Generationen lebte. Und »Tinis'n« geht zurück auf den 1728 geborenen »Martinus«.

Dieses denkmalgeschützte »Haus des Martins« verschönert also den Ortskern von Regnitzlosau. Und das bereits seit 1659/60. Dabei wirkt das Gebäude von außen kleiner, als es von innen ist. Im Flur rechts erblickt man eine ungewöhnlich aussehende Tür – isolierend dick gepolstert und mit einem eingelassenen Fensterchen in Augenhöhe. Dahinter befindet sich die Wohnstube. Ein großer Kachelofen sorgt hier für Wärme während der fränkischen Winter. Vier Fenster lassen ausreichend Tageslicht herein, auf einem der Deckenbalken steht »Sich regen bringt Segen« geschrieben.

Vom Flur dem Hauseingang gegenüber führt der Weg in die »Schwarze Küche«, so genannt, weil die ehemalige offene Feuerstelle für reichlich Ruß am Gebälk sorgte. Auch hier findet sich eine gepolsterte Tür mit Fensterchen. Möglicherweise bespitzelten damals die Hausherrinnen ihre Männer bei wichtigen Verhandlungen durch diese »Spione«. Vom Eingang links geht es in eine weitere Kammer. Früher befand sich hier der Stall, heutzutage wird er für Veranstaltungen und Ausstellungen genutzt. Im Obergeschoss befinden sich weitere Räumlichkeiten, die über eine steile Stiege erreichbar sind. Inzwischen ist auch die »Moderne« ins Heisla eingezogen. Der Dienesn Heisla e.V., der sich um den Erhalt des ehemaligen Trüpfhauses kümmert, hat für eine Elektrifizierung gesorgt.

Aber Moment! Wieder so ein seltsamer Begriff! Ein Trüpfhaus? Das steht für ein Bauwerk, dessen Grundstück nicht weiter reicht als die vom Dach herabfallenden Wassertropfen. Nicht viel Platz, aber immerhin konnte so noch ein »Abort-Heisla« im Freien aufgestellt werden.

Adresse Hauptstraße 9, 95194 Regnitzlosau | Anfahrt A 93, Ausfahrt Regnitzlosau, St 2192 in Richtung Regnitzlosau, links Rehauer Straße, links Hauptstraße | Öffnungszeiten nach Absprache und während Veranstaltungen / Ausstellungen | Tipp Der westlichste Punkt Tschechiens befindet sich nur einige Kilometer entfernt. Ein Informationsschild sowie ein tschechischer und ein deutscher Grenzstein markieren die Stelle. Der Ort ist nur zu Fuß zu erreichen. Informationen zur Anfahrt: www.nejzapadnejsi.cz.

75 Das »Avenidas«-Gedicht

Zensur oder nicht Zensur … das ist die Frage

Dass ein Gedicht an einer Hausfassade zum Magneten für Touristen werden könnte, damit hat wohl in Rehau niemand gerechnet. Zumal der Text zwar aus der Ferne gut lesbar, nichtsdestoweniger aber in Spanisch aufgepinselt ist. Erst beim Nähertreten findet sich ein Hinweisschild mit der deutschen Übersetzung.

Wer jetzt vermutet, Konquistadoren haben Rehau gegründet, und ihnen zu Ehren wurde ein Gedicht in ihrer Heimatsprache verfasst, der liegt daneben. Manche Gäste des fränkischen Vogtlandes sind zudem der Ansicht, dass die ostfränkische Mundart wie Spanisch klinge, und daher müsse es ja wohl einen Zusammenhang geben. Doch für diese bösen Zungen klingt der sächsische Dialekt auch wie das Gelalle eines Matrosen auf Landgang nach durchzechter Nacht.

Die Frage bleibt: Was macht ein auf Spanisch verfasstes Gedicht an einer Hauswand im fränkischen Bayern? Um sich dem zu nähern, hilft es zu wissen, dass die Zeilen vormals eine Fassade der Alice-Salomon-Hochschule in Berlin zierten. Damit wurde der Verfasser Eugen Gomringer geehrt, der von der gleichen Hochschule 2011 den renommierten Alice-Salomon-Poetik-Preis erhielt. Aber bereits fünf Jahre später war es mit »Friede, Freude, Eierkuchen« vorbei. Die Studentenvertretung stieß sich plötzlich an dem nach ihrem Geschmack sexistischen Inhalt des Gedichtes. Gomringer beschreibt das Geschehen auf der Flaniermeile Las Ramblas in Barcelona aus der Sicht eines Bewunderers. Eine Zeile lautet dabei: »Alleen und Blumen und Frauen«. Hierbei sollen Frauen mit Objekten gleichgesetzt werden, die nur dazu da sind, dem männlichen Verehrer zu gefallen. Die Kritiker setzten sich am Ende durch, das Gedicht wurde in Berlin entfernt … und in Rehau, dem Wahlheimatort von Eugen Gomringer, wieder an eine Wand geschrieben.

Eine kluge Entscheidung? Dazu wird es – wie immer bei einer solch polarisierenden Problematik – unterschiedliche Ansichten geben.

Adresse Maxplatz, 95111 Rehau | **Anfahrt** A 93, Ausfahrt Rehau-Süd, B 289 in Richtung Rehau, Straßenverlauf folgen bis links Ludwigstraße, weiter bis Maxplatz, dort parken | **Tipp** Am Ende des Maxplatzes auf Höhe der Gartenstraße 4 steht eine Büste des ebenfalls nicht unumstrittenen Politikers Franz Josef Strauß.

76 Das Kartoffeldenkmal

Wie die Kartoffel ins Vogtland kam

Sie wird Erdapfel, Grumbiere oder Tüffel genannt: die Kartoffel. Ihre meist wohlklingenden Namen reichen von A wie Anuschka über B wie Belana und C wie Colette bis hin zu Sieglinde, Victoria oder Zwiebler. Kartoffelliebhaber feiern am 19. August den Tag der Kartoffel, die tolle Knolle wurde 2003 zum Gemüse des Jahres gewählt, und aufgrund ihrer hervorragenden Nährwerte hat die Kartoffel als Fit- und Sattmacher einen festen Platz auf unserem Speiseplan eingenommen. Sie stammt ursprünglich aus Südamerika, ihre Reise nach Europa trat die Knollenfrucht im 16. Jahrhundert über Spanien und England an.

Aber wie kam die Kartoffel eigentlich nach Deutschland? Schon bevor 1756 der preußische König Friedrich II. den »Kartoffelbefehl« erließ und die Bauern zum Anbau der Kartoffel zwang, lässt sich der wohl früheste feldmäßige Kartoffelanbau auf deutschem Boden in Pilgramsreuth belegen. Der ortsansässige Bauer Hans Rogler soll die Kartoffel in gekochter Form während eines Verwandtenbesuchs in Rossbach, einem Ort im Grenzgebiet zwischen dem Sudetenland und Böhmen, kennengelernt haben. Es wird vermutet, dass ein Offizier aus Brabant um 1645 die Erdäpfel in das böhmische Vogtland gebracht hatte. Fasziniert von dieser noch unbekannten Frucht, nahm Hans Rogler einige Exemplare mit zurück in die Heimat und begann um 1647, sie auf seinen Feldern anzubauen.

Offenbar erfreute sich die neue Feldfrucht bei den Pilgramsreuthern großer Beliebtheit, denn aus Gerichtsakten über Zehntstreitigkeiten zwischen Bauern und Kirche wurde überliefert, dass in der Umgebung des Ortes auf mehr als 500 Äckern Kartoffeln angebaut wurden. Diese erbrachten einen jährlichen Ertrag von etwa 1.300 Zentnern.

Heute erinnert ein Denkmal neben der Kirche in Pilgramsreuth an den Kartoffelpionier. Die Bronzeplastik zeigt einen Bauern und eine Bäuerin in typischer Kleidung des 17. Jahrhunderts.

Adresse Pilgramsreuth 12, 95111 Rehau | Anfahrt A 93, Ausfahrt Rehau-Süd, B 289 in Richtung Rehau, vor Rehau links der B 289 weiter folgen, links Pilgramsreuther Straße, weiter bis Zentrum Pilgramsreuth | Tipp Im circa 65 Kilometer entfernten Reichenbach im Vogtland hat sich der Kartoffelbauer Gündel auf den Anbau und die Vermarktung von historischen Kartoffelsorten spezialisiert. Diese werden im Hofladen »Gündels Kartoffelwelt« und über den Onlineshop verkauft (www.guendels-kulturstall.de).

77 Die Rollbockbahn

Das Unikat mit dem Januskopf

Zunächst »hörte« sie auf den Namen »I M 252«. Später dann »taufte« die Deutsche Reichsbahn sie um in »99 162«. Dröge Zahlen, mit denen nur Kenner der Materie etwas anfangen können. Kaum mehr Aufschluss gibt die Bezeichnung, die der sächsische Volksmund gefunden hat: »De Rollbock«. Denn damit ist eher allumfassend die ehemalige Schmalspurbahn Reichenbach nach Oberheinsdorf gemeint. Selbst die Bezeichnung »Dampflok« ruft vermutlich ein verkehrtes Bild hervor. Denn die wunderschöne Lok, die der Rollbockbahn e. V. in Heinsdorfergrund beheimatet, ist ungewöhnlich. Wo ist vorne, wo hinten? Schwer auszumachen, denn beide Enden haben einen Dampfkessel, der Führerstand befindet sich in der Mitte. Diese Bauart wird »Fairlie« genannt, benannt nach Robert Fairlie, der 1864 dafür ein Patent erhielt.

Der Vorteil einer solchen Konstruktion liegt auf der Hand: Die Lok muss nicht gewendet werden, denn sie ist für beide Fahrtrichtungen gleich gut geeignet. Und so dampfte die »99 162« auf den nur 5,41 Kilometern von Reichenbach unterer Bahnhof bis Oberheinsdorf dann auch von 1902 bis 1962 hin und her. Dabei wurden mehrere Fabrikanschlüsse bedient, ausschließlich durch Nutzung von sogenannten Rollböcken. Dabei werden normalspurige Waggons auf schmalspurige Böcke gerollt. Huckepack quasi. Damit entfällt das Umladen der Güter. Zeitweise erfolgte zusätzlich auch ein Personenverkehr mit sechs vierachsigen Waggons.

Bauartbedingt stellten die engen Kurvenradien keine Herausforderung dar. Dagegen ergaben sich aus dem zunehmenden Straßenverkehr in den 1930er Jahren Probleme, denn die Strecke führte mitten durch die Reichenbacher Altstadt. So kam es sogar zu Unfällen.

Weiteres Wissenswertes rund um die Geschichte der Bahn vermittelt die Ausstellung im Lokschuppen. Und wer sich unter »Rollbock« immer noch nichts vorstellen kann, der kann sich eine solche Apparatur vor Ort anschauen.

Adresse Am Bahndamm 10, 08468 Reichenbach-Heinsdorfergrund, www.rollbockbahn.de | **Anfahrt** A 72, Ausfahrt Reichenbach, B 92 in Richtung Reichenbach, rechts Kaltes Feld, Straßenverlauf folgen bis rechts Reichenbacher Straße, weiter bis rechts Am Bahndamm | **Öffnungszeiten** Gruppen auf Anfrage, Ausstellungstage siehe www.heinsdorfergrund-vogtland.de (→ Vereine → Rollbockverein → Öffnungszeiten) | **Tipp** In der Straße »Alter Stadtweg« in Unterheinsdorf steht die Milchtankstelle. An der »Zapfsäule« gibt es frische Milch zum Mitnehmen.

78_Die Teststrecke

Des Fahrschülers Alptraum

Die Handflächen verschwitzt, das Kupplungspedal getreten, den ersten Gang eingelegt. Gas geben, der Motor heult auf. Am Schleifpunkt der Kupplung die Handbremse lösen. Der Wagen bockt vor, einige Meter steil bergauf. Dann … abgewürgt. Zurück bleiben die Stille und der Geruch nach verbranntem Kupplungsbelag.

Unzweifelhaft ist die Liebaustraße in Reichenbach mit 16,6 Prozent Steigung seit den Anfängen des automobilen Zeitalters eine Herausforderung für Mensch und Technik. Es soll Automobilisten geben, die, traumatisiert von vielen missglückten Anfahrtsversuchen, bewusst diese Straße meiden. Da hilft dann auch weder gutes Zureden noch der griffige Asphalt, der im Jahr 2020 für gut eine Viertelmillion Euro aufgetragen wurde, um ein Umdenken zu bewirken.

Ein anderer dagegen wusste die Steilstrecke bestens für sich zu nutzen. Auch wenn der Autokonstrukteur August Horch meist mit Zwickau in Verbindung gebracht wird, so wirkte er zuvor an anderen Stätten. Eine davon war ein Gelände in der Oberen Dunkelgasse direkt am Fuße der Liebaustraße. Hier baute Horch von 1902 bis 1904 rund 50 Fahrzeuge. Dabei ließ es sich der Autopionier nicht nehmen, seine Fahrzeuge selbst zu testen. In diesem Zusammenhang setzte er hohe Maßstäbe, zu denen auch das Bewältigen der Liebaustraße gehörte. Bei diesen Ausfahrten fieberte damals die ganze Belegschaft mit und war sofort zur Stelle, sobald der Chef aufgrund einer Panne die sogenannte »Bergstütze« betätigte. Diese eiserne Kralle diente dazu, das Wegrollen des Fahrzeugs am Berg zu verhindern. Sie wurde vom Fahrersitz aus bedient und konnte auch als Anfahrhilfe verwendet werden.

Sicherlich würde sich manch einer heutzutage eine solche mechanische Unterstützung noch wünschen. Da jedoch ein derartiger »Betonanker« nicht mehr geordert werden kann, empfiehlt sich ein Automatikgetriebe, um Stress am Steuer zu vermeiden.

Adresse Liebaustraße, 08468 Reichenbach | Anfahrt A 72, Ausfahrt Reichenbach, B 94 in Richtung Reichenbach, im Ort rechts auf Straße »Am Graben«, weiter bis rechts auf Obere Dunkelgasse, Straßenverlauf bis Liebaustraße folgen | Tipp Über den Dächern des Nachbarorts Mylau thront die gleichnamige Burg. Das Museum in ihren Gemäuern beheimatet kulturhistorisch besonders wertvolle Exponate von überregionaler Bedeutung, so zum Beispiel eine Vedutensammlung aus dem Nachlass der Adelsfamilie Metzsch.

79__Die Ziemestalbrücke

Lost Places für tollkühne Fotojunkies

Sollte eine Produktionsfirma jemals auf die Idee kommen, ein Remake des Films über den Comichelden »Lucky Luke« anzugehen, kommen die Macher um die Ziemestalbrücke als Drehort nicht herum. Das 115 Meter lange und 32 Meter hohe Viadukt wurde Ende des 19. Jahrhunderts aus genietetem Stahl erbaut, ist filigran verstrebt und gleicht damit den Streichholzbrücken, die häufig in alten Western zu sehen sind. Noch dazu steht sie inmitten eines hügeligen Waldes, der perfekte Hintergrund für den Überfall der Dalton-Bande auf einen Postzug.

Ein weiterer Vorteil wäre: Die Strecke, die über die Brücke führt, ist stillgelegt. Eine Beeinträchtigung des Zugverkehrs wäre damit ausgeschlossen. Das heißt zugleich, dass in schwindelerregender Höhe die Brücke mit gebotener Vorsicht per pedes überquert werden kann. Hin und wieder können Wandernde dabei zwar auf Draisinen stoßen – Fahrten werden zwischen Lückenmühle nach Ziegenrück regelmäßig angeboten –, allerdings ist genug Platz neben den Schienen vorhanden, um sich nicht in die Quere zu kommen.

Sobald die Brücke gebührend abgelichtet wurde, sollte der Weg weiter zu dem im Norden gelegenen 118 Meter langen Ziemestaltunnel führen. Im Zweiten Weltkrieg diente die Strecke Triptis–Marxgrün als Ausweichstrecke für den Nord-Süd-Verkehr, da sie weit ab von den bombengefährdeten Ballungsräumen lag. Diesen Umstand nutzte auch der Sonderzug aus, in dem Adolf Hitler reiste. Trotzdem ging man zusätzlich auf Nummer sicher und unterbrach die Fahrt tagsüber vor Sprengkörpern geschützt in einem Tunnel. Wie viele andere Optionen auf der Strecke gehörte auch der Ziemestaltunnel zu diesen »Pausenplätzen«.

Wieder bei der Brücke angekommen, sollte man den Abstieg ins Tal nicht scheuen. Über Stufen entlang des Hanges erreicht man den Bachgrund. Von hier aus ergeben sich weitere sensationelle Möglichkeiten, das Bauwerk zu fotografieren.

Adresse 07368 Remptendorf | Anfahrt A 9, Ausfahrt Schleiz, L 1095 in Richtung Gräfenwarth, Straßenverlauf folgen bis rechts L 1101, durch Remptendorf weiter bis links L 1100, folgen bis zum Ort Lückenmühle, dann rechts Straße Lückenmühle, weiter bis zum Ort Weisbach, dann rechts Straße Weisbach, Straßenverlauf folgen bis Parkplatz Wysburg, von hier 15 Minuten zu Fuß | Tipp Nahe dem Parkplatz befindet sich die Ruine der Wysburg. Bänke und Tische laden zu einer Rast ein. Die Überreste von Wall, Graben und teilweise rekonstruierten Mauern sind begehbar; eine Hütte schützt bei Bedarf vor Niederschlag.

80 Das eingewachsene Ackergerät

Bauer, Beelzebub und Bflug … ähm … Pflug

Um das Resultat eines Vorhabens zu beschreiben, reicht manchmal ein Wort aus. Somit kann an dieser Stelle das Projekt »Neue Landschaft Ronneburg« mit dem Gütesiegel »Gelungen!« ausgezeichnet werden.

Wo einst die SDAG Wismut auf der Suche nach Uranerzen ein riesiges Loch grub, erstreckt sich jetzt ein Naherholungsgebiet. Neben einem Arboretum und Spielplätzen, alles durchzogen von asphaltierten Wegen, die zum Spazierengehen einladen, ist die reizvollste Errungenschaft die Spannbandbrücke. Sie ist 225 Meter lang und damit die größte ihrer Art in Europa. Liebevoll wird sie »Drachenschwanz« genannt.

Noch so viel Offensichtliches mehr gibt es rund um den inmitten des Parks stehenden Förderturm zu entdecken. Dagegen verbirgt sich ein kleines Naturphänomen vor den Augen der Betrachter: das eingewachsene Ackergerät bei der Teufelskanzel. Was sich zunächst alpin anhört, ist schlicht ein kleiner bewaldeter Hügel. Doch um ihn rankt sich eine dramatische Sage.

Einst besaß ein Bauer ein Feld nahe der Teufelskanzel. Eines Tages wies er seinen Knecht an, das Pferd einzuspannen, um den Acker zu pflügen. Der Knecht weigerte sich jedoch, da ein Gewitter aufzog. Verärgert legte der Bauer selbst los. Am höchsten Punkt des Feldes angekommen, schlug plötzlich der Blitz derart heftig ein, als würde der Teufel versuchen, mit seinem Huf den Berg zu spalten. Das Pferd ging durch und rannte mitsamt Pflug und Bauer auf den Abhang zu. Dort stürzten sie wohl in die Tiefe, denn der Pflug wurde später am Fuße des Berges gefunden – und dort befindet er sich heute noch, eingewachsen in einen Baumstamm. Verschwunden blieben jedoch Pferd und Bauer. Die Dorfbewohner munkelten, sie wurden vom Teufel geholt.

Daher meiden die Anwohner bis zum heutigen Tag die Teufelskanzel bei Gewitter.

Adresse Radweg Gesselthal, 07580 Ronneburg | **Anfahrt** A 4, Ausfahrt Gera-Leumnitz, B 92 in Richtung Gera, links Ronneburger Straße, Straßenverlauf folgen bis rechts Grobsdorfer Straße, weiter bis Parkplatz »Neue Landschaft Ronneburg«, von hier circa 20 Minuten zu Fuß in Richtung Verweilplatz Schutzhütte, dort hangaufwärts entlang der Wiese zur Teufelskanzel | **Tipp** In Kauern, rund sechs Kilometer vom Parkplatz entfernt, befindet sich das Kuhcafé. Betrieben wird es von der Agrargenossenschaft Kauern.

81 Die Drachenhöhle

Was in der Nibelungensage nicht erzählt wird

Einst reiste der blonde Hüne Siegfried ins Vogtland. Minnesänger hatten ihm zugetragen, dass in einer Höhle bei Syrau ein Drache lebte. Mit den Echsentieren kannte sich der Held aus. Im Rheinland hatte er sich bereits tapfer dem Drachen Fafnir gestellt und ihn erlegt. Das anschließende Bad im Blut des Tieres hatte ihn unverwundbar gemacht. Doch Siegfried wusste um seine Schwachstelle. Während des Bades war ihm ein Laubblatt auf die Schulter gefallen. Dort konnte er immer noch verletzt werden. Jetzt galt es, diese Stelle mit dem Blut des Drachen aus Syrau zu benetzen. Vor Ort angekommen kletterte er sofort in die Höhle, in der der Drache namens Justus hauste. Schon kurz darauf stand er der Echse gegenüber. Doch anders als Fafnir, der riesig und hässlich wie die Nacht gewesen war, war Justus – der gerade ein Nickerchen hielt – von kleinem Wuchs und sah überaus putzig aus. Siegfried brachte es nicht übers Herz, den kleinen Dreikäsehoch zu töten. Unverrichteter Dinge kehrte er zurück ins Rheinland.

Zugegeben: Oben geschilderte Passage wird man in der Sage vergeblich suchen. Doch hätte es sich so zutragen können. Denn Justus gibt es tatsächlich, und er kann in der einzigen Tropfsteinhöhle Sachsens heutzutage immer noch besucht werden. Sie wurde am 14. März 1928 bei Steinbrucharbeiten entdeckt, und bereits wenige Monate später konnten die ersten Besuchergruppen die Naturschönheiten besichtigen.

Heutzutage ist die Führung zum Aufenthaltsort des kleinen Drachen 350 Meter lang und verläuft in 16 Meter Tiefe, die vom Eingang über 81 Stufen erreicht wird. Bei einer Temperatur von zehn Grad geht es vorbei an unterirdischen Gewässern mit kristallklarem Wasser, Stalaktiten, Stalagmiten, glitzerndem Gestein, und auch eine kleine Lasershow fehlt nicht – was will man mehr? Ach ja, klar! Den Drachen Justus sehen. Und tatsächlich ist er dort unten zu finden. Versprochen.

Adresse Höhlenberg 10, 08548 Rosenbach-Syrau | Anfahrt A 72, Ausfahrt Plauen-Süd, B 92 in Richtung Plauen, Bundesstraße 92 durch Plauen folgen, Ortsausgang im Kreisverkehr geradeaus auf B 282, in Syrau rechts Paul-Seifert-Straße, weiter bis links Parkplatz | Öffnungszeiten 28.1.–31.3. täglich 10–16 Uhr, 1.4.–31.10. täglich 9.30–17 Uhr | Tipp Nur 1,5 Kilometer entfernt in der Fröbersgrüner Straße steht die einzige Holländerwindmühle im Vogtland. Hier wurde bis 1929 Korn gemahlen. Seit 1982 ist die Mühle ein Museum.

82 Die kleinste Talsperre

Etwas geschummelt, trotzdem clever vermarktet

Gibt man dem »Kind« einen griffigen Namen, dann wird ein Fernsehsender irgendwann darauf aufmerksam. Ob sich die Oberpirker das dabei gedacht haben, als sie ihre Stauanlage als »kleinste Talsperre Europas« bewarben, ist nicht verbrieft. Doch sollte es so gewesen sein, dann wurde dieses Bestreben 2018 von Erfolg gekrönt. Ein Team des MDR fiel in den kleinen Ort ein und drehte einen Beitrag für die Sendung »Außenseiter Spitzenreiter«. Ausgestrahlt wurde er am 28. Juni des gleichen Jahres.

Von diesem Ereignis erfahren Besucher der Staumauer durch eine Plakette, die in »luftiger« Höhe von drei Metern direkt unterhalb der Krone angebracht ist. Sie ist also problemlos ablesbar, steht man am Fuß der rund zwölf Meter langen Mauer. Deutlich älteren Datums ist das Emblem direkt daneben, welches das Baudatum verrät und etwas verwittert daherkommt. Kein Wunder, denn seit 1954 ist es Wind und Wetter ausgesetzt.

Kurz nach dem Zweiten Weltkrieg kam der damalige Bürgermeister auf die Idee, einen Teil der ehemaligen Straße von Oberpirk nach Mühltroff zu einem gut 100 Meter langen, zehn Meter breiten und 2,50 Meter tiefen See anzustauen. Dieser sollte als Löschwasserreservoir dienen. Kaum war die Idee geboren, ging es schon an die Umsetzung. Für die Stauung wählten die Verantwortlichen den Abschnitt der Straße aus, der zu einem Hohlweg ausgewaschen war. Gesagt, getan. In den Jahrzehnten danach erfreute sich der neu entstandene See großer Beliebtheit. Nicht nur Löschwasser wurde entnommen, sondern im Sommer darin gebadet und im Winter auf der zugefrorenen Oberfläche Schlittschuh gelaufen.

Auch wenn bei einer abschließenden Betrachtung die Talsperre in Oberpirk nicht wirklich als eine solche anerkannt werden kann, so bleibt eins festzuhalten: Ein Erfolgsmodell war und ist sie auf jeden Fall. Und das feiern die Ortsansässigen jedes Jahr mit einem zünftigen Talsperrenfest.

Adresse Talstraße, 08539 Rosenbach | Anfahrt A 9, Ausfahrt Schleiz, B 282 in Richtung Schleiz, weiter auf Bundesstraße bis Ortseingang Oberpirk, links in die Talstraße, Ausschilderung zur Talsperre folgen | Tipp Wer nach einem gemütlichen Picknick am See den Drang nach mehr Adrenalin verspürt, dem sei die rund acht Kilometer entfernte Kartbahn »Oberlandring« in Zeulenroda-Triebes empfohlen.

83__Das Drehkreuz des Wanderns

Wer die Wahl hat, hat die Qual

Ein »Drehkreuz des Wanderns« bezieht sich meist auf einen Ort, der als Ausgangspunkt für verschiedene Wanderrouten dient. Diese Punkte sind beliebt bei Ausflüglern, da sie Zugang zu einer Vielzahl von landschaftlich reizvollen Pfaden bieten. Hier kreuzen sich Wege, von hier können Wandernde neue Richtungen einschlagen, um verschiedene Landschaften und Naturattraktionen zu erkunden.

Dass das Vogtland an sich eine Region ist, die ausgesprochen gut für Spaziergänge und zum Wandern geeignet ist, muss an dieser Stelle nicht extra betont werden. Unzählige reizvolle Wege durchqueren die hügelige Landschaft. Jeder wird hier eine geeignete Strecke für sich persönlich entdecken. So dürfte es wohl niemanden verwundern, dass auch im Vogtland ein »Drehkreuz des Wanderns« zu finden ist.

Dieses Drehkreuz steht an dem Punkt, wo fünf teils qualitätsgeprüfte Fernwanderwege aufeinandertreffen. Es befindet sich in Blankenstein am bayerischen Ufer der Selbitz. Von den einst bedrohlichen Sperranlagen der innerdeutschen Grenze, die schon allein den Gedanken an eine Wanderung zwischen Thüringen und Bayern ad absurdum führten, ist heute nichts mehr zu sehen. Sobald man sich durch die Drängelgitter und ein echtes Drehkreuz geschoben hat, darf gewählt werden, worauf die Füße einen tragen sollen. Zur Auswahl stehen: der Rennsteig, der Kammweg, der Fränkische Gebirgsweg, der Frankenweg und der Frankenwaldsteig. Und streng genommen steht auch noch ein sechster Weg offen, nämlich der kleine Saaletalweg. Aber als »Underdog« verblasst er ein wenig gegen die fünf erstgenannten »Stars«.

Wer nicht sofort die nächste Tour starten möchte und noch eine Weile am Drehkreuz verweilen möchte, dem stehen Hinweisschilder zur Verfügung, die unter anderem über die Wanderwege informieren.

Adresse Selbitzplatz, 07366 Rosenthal am Rennsteig-Blankenstein | **Anfahrt** A 9, Ausfahrt Berg/Bad Steben, Hofer Straße in Richtung Berg, rechts Hirschberger Straße, links Ina-Straße, Straßenverlauf bis Ende folgen, dann links auf Frankenwaldstraße, weiter bis Drehkreuz links, dort parken | **Tipp** Folgt man dem Weg über die Selbitzbrücke auf die andere Uferseite, dann befindet sich rechter Hand ein Gedenkstein für Julius von Plänckner. Der Kartograf war der erste Wanderer auf dem Rennsteig und hat den Verlauf dieses Wanderwegs festgelegt.

84 Die Papierfabrik

Es rattert die Mühle am rauschenden Bach

Im Tal der Saale bei Blankenberg, wo einst eine hochmoderne Langsiebpapiermaschine dröhnte, ist Ruhe eingekehrt. Möchte man die einstige Betriebsamkeit in der alten Papierfabrik imaginieren, so lenken nur zwitschernde Vögel und summende Insekten die Gedanken ab.

Zuvor wurde hier rund 250 Jahre Papier hergestellt. 1730 wurde dafür eine alte Mahlmühle zu einer Papiermühle umfunktioniert. Zu jener Zeit erfolgte die Fertigung noch in Handarbeit. 1842 wurde dann auf die maschinelle Herstellung umgestellt. Es folgten goldene Zeiten. Der Bedarf an Papier stieg, das Geschäft brummte, immer neuere und bessere Maschinen – wie auch die eingangs erwähnte – konnten aufgestellt werden. Die Belegschaft wuchs auf über 100 Männer und Frauen.

Doch ruhten sich die Eigentümer zu lange auf ihren Lorbeeren aus und verzichteten auf eine Modernisierung. Eigentlich treibt das über kurz oder lang jedes Unternehmen in den Konkurs, da die Konkurrenzfähigkeit verloren geht. Doch in diesem Fall war es eher glücklich. Denn nach dem Zweiten Weltkrieg verzichteten die Besatzer darauf, den Maschinenpark zu demontieren und als Reparationsleistung in die Sowjetunion zu schicken. Ihnen erschien die Gerätschaft zu veraltet. Dass dem nicht so war und dass man mit dem »Schrott« durchaus noch produzieren konnte, bewies dann ein Volkseigener Betrieb, der 1947 die Papierfabrik wieder in Betrieb nahm. Durchaus eine Erfolgsgeschichte, denn erst 1993 machte hier der letzte Arbeiter hinter sich das Licht aus.

1994 wurde der Komplex dann unter Denkmalschutz gestellt und zugleich der vollkommene Abriss damit verhindert. Und wenn nicht gerade die alte Feldbahn, die an Fahrtagen über die Schienen rattert, die Ruhe stört, so gelingt es vielleicht irgendwann doch, die Vögel und Insekten auszublenden – und fast meint man dann, die Maschinen im Gebäude aus ferner Vergangenheit ächzen und stöhnen zu hören.

Adresse Unteres Schwarzviertel 9, 07366 Rosenthal am Rennsteig-Blankenberg | **Anfahrt** A 9, Ausfahrt Rudolphstein, Straßenverlauf folgen bis links Panoramastraße, weiter bis rechts Sparnberger Straße, Straßenverlauf durch Pottiga hindurch bis zur L 1092 folgen, links abbiegen, dann links nach Blankenberg, im Ort links Friedhofstraße, dieser folgen bis links Ferdinand-Flinsch-Straße, an der Gabelung rechts auf Issigauer Straße, folgen bis zur alten Papierfabrik | **Öffnungszeiten** Außengelände keine; das Innere kann auf Anfrage besichtigt werden; Fahrtage der Feldbahn: www.feldbahn-blankenberg.jimdofree.com | **Tipp** Die Schlossruine Blankenberg wurde auf einem Felssporn oberhalb der Saale erbaut. Von hier genießt man einen wunderschönen Blick über die Umgebung.

85__Der Skywalk

Fühlen wie ein Filmstar

Wer möchte nicht einmal wie Kate Winslet und Leonardo DiCaprio in dem Blockbuster »Titanic« empfinden? Ohne dafür auf einem Passagierdampfer der britischen Reederei White Star über den Atlantik dem berüchtigten blauen Band für die schnellste Überquerung hinterherzujagen? Ohne einen Eisberg zu sichten oder gar zu rammen? Dann auf nach Pottiga!

Der kleine Ort liegt an einem Hang oberhalb der Saale und wurde 1325 erstmals urkundlich erwähnt. Bis 1918 gehörte Pottiga zum Fürstentum Reuß jüngere Linie. Während der deutsch-deutschen Teilung befand sich das thüringische Pottiga grenznah zum benachbarten Bayern, und vom sogenannten »Wachhügel« konnte man den »Klassenfeind« im Auge behalten.

Allerdings: Wer jetzt vermutet, der Name des Hügels stammt aus den Zeiten der Grenzsicherung, der liegt daneben. Schon im Mittelalter überwachten die Einheimischen von hier die Umgebung, um rechtzeitig Räuberbanden zu erspähen. Banditen und Kontrahenten stellten in Pottiga in jüngster Vergangenheit Gott sei Dank keine Gefahr mehr dar. Der »Wachhügel« wurde damit seiner ursprünglichen Funktion enthoben und konnte anderweitig genutzt werden. Diese entstandene »Lücke« wurde mit der Errichtung des »Skywalks« im Jahr 2011 geschlossen. Frei nach Voltaire zitiert ist bekanntlich das Bessere des Guten Feind, was an dieser Stelle bedeutet: Der ohnehin gute Ausblick vom »Wachhügel« wurde durch eine grüne, zwölf Tonnen schwere Metallkonstruktion mit Aussichtsplattform, die über den Abgrund hinausragt, veredelt.

Die 31 Stufen scheinen direkt in den Himmel zu führen, und oben angekommen »schwebt« man über dem Tal der Saale, die sich durch den Wiesengrund schlängelt wie eine Kreuzotter durch eine Wiese.

Auf dem Skywalk fühlt man sich frei und erhaben wie auf der Bugspitze eines Ozeanriesens. Und wer verrückt genug ist, darf gern die Augen schließen, die Arme ausbreiten und »Ich fliege!« ausrufen.

Adresse Wiesenweg, 07366 Rosenthal am Rennsteig-Pottiga | Anfahrt A 9, Ausfahrt Rudolphstein, Straßenverlauf folgen bis links Panoramastraße, weiter bis rechts Sparnberger Straße, Straßenverlauf folgen bis Pottiga, im Ort Ausschilderung »Aussichtsplattform Am Wachhügel« folgen | Tipp Fußläufig erreichbar ist die »Grüne-Band-Brücke« unterhalb des Skywalks an der Blumenaumühle. Einst verlief hier die streng bewachte innerdeutsche Grenze.

86_Die Wüstung Saalbach

Ausradiert, aber nicht vergessen

Als »Wüstung« werden Orte beschrieben, die einst bewohnt waren, heutzutage aber verlassen sind. Hierbei können vielfältige Umstände dazu führen, Siedlungen aufzugeben. Im Mittelalter war es die Pest, die kleinere Dörfer heimsuchte und deren Bewohner allesamt tötete. Durch Kriege wurden Ortschaften gebrandschatzt oder durch Beschuss dem Erdboden gleichgemacht. Technische Katastrophen können dazu führen, dass sogar ganze Landstriche unbewohnbar werden. Als mahnendes Beispiel dafür steht die Reaktorkatastrophe von Tschernobyl.

Bei der »Wüstung Saalbach« spielten die oben genannten Gründe allerdings keine Rolle. Eine auffällige Anzahl von verlassenen Orten reiht sich entlang des ehemaligen Grenzstreifens, der eine Gesamtlänge von rund 1.378 Kilometern aufwies und jahrzehntelang eine Todeszone war. Selbstschussanlagen, Stacheldraht und bewaffnete Grenzsoldaten: Wer hier durchwollte, der riskierte sein Leben.

Und diejenigen, die bei der Errichtung des Todesstreifens im Weg waren, mussten oftmals weichen. Auch Saalbach störte, befand sich die Siedlung doch unmittelbar an der Saale, die an dieser Stelle damals die Grenze markierte. 1952 rollten Lastwagen an, und alle Bewohner wurden zwangsumgesiedelt. Kaum vorstellbar, was für ein Leid das für die Saalbacher bedeutet haben muss. Den Zweiten Weltkrieg gerade erst überstanden, wurde ihnen nun Haus und Hof genommen. Von 1955 bis 1960 machten Baukolonnen die Ortschaft dann dem Erdboden gleich.

Heutzutage summen hier Insekten, aus der eingefassten Saalbachquelle plätschert Wasser, und über den Fluss führt die Saalebrücke, die Thüringen und Bayern verbindet. Ruinen sind von Saalbach nicht erhalten, nicht einmal Grundmauern. Nur eine Hinweistafel informiert über die ehemalige Ortschaft. Ihr kommt damit die wichtige Aufgabe zu, dass die Tragödie, die sich hier einst abgespielt hat, nicht vergessen wird.

Adresse ehemaliger Kolonnenweg, 07366 Rosenthal am Rennsteig-Pottiga | **Anfahrt** A 9, Ausfahrt Rudolphstein, Straßenverlauf folgen bis links Panoramastraße, weiter bis links Parkplatz am Ortsausgang Rudolphstein, von hier 700 Meter Fußweg bis zur Wüstung | **Tipp** Rund um die obere Saaletalsperre bei Saaldorf laden zahlreiche Wege zum Wandern ein. Zu entdecken gibt es dabei nicht nur wunderschöne Fotopoints mit Panoramablicken auf die Saaleschleifen, sondern auch das Jagdschloss Waidmannsheil in Saaldorf.

87__Die Rothauer Orgel

Ein stummes »Musikinstrument«

Lang und informativ. Oder kurz, aber dafür rasch belohnt. Um zur »Rothauer Orgel« zu gelangen, darf gewählt werden. Zum einen kann per Schusters Rappen der »Rotavaer Orgellehrpfad« begangen werden. Dieser rund sechs Kilometer lange Rundwanderweg beginnt und endet vor dem Gemeindeamt in Rotava. Der Höhenunterschied ist moderat, die Route ist meist bequem, nur um die »Orgel« herum mitunter felsig und ein wenig abschüssig. Auch wenn die »Orgel« natürlich das Highlight dieser Tour ist, so gibt es dazu noch weitere interessante Orte zu entdecken, die von insgesamt 17 Informationstafeln veranschaulicht werden. Wer sich hierfür entscheidet, folgt einfach von Rotava aus dem weißen Quadrat mit dem grünen Querstrich, das Symbol des Lehrpfades.

Wer dagegen eine sportliche Herausforderung sucht und dazu möglicherweise ausschließlich an der Felsformation interessiert ist, der beginnt den Aufstieg dort, wo die Straße Přibramská auf die Straße Kraslická trifft. Von dort sind es wenige Meter, bis von der Přibramská rechts ein Weg abzweigt. Hinter den Häusern wird es steil und eng, aber keine Sorge: Nach gut einem Kilometer erreicht man tatsächlich die Basaltsäulen.

Wo sich heutzutage das Gebilde – bestehend aus bis zu zwölf Meter hohen und fächerförmigen »Orgelpfeifen« – erhebt, strömte vor 20 Millionen Jahren Lava aus dem Erdreich. Durch eine schnelle Erstarrung entstand Limburgit, ein basaltähnliches Ergussgestein mit glasiger Grundmasse. Auch wenn es kaum zu glauben ist: Die faszinierende Felsformation ist eigentlich »nur« die Wand eines ehemaligen Steinbruchs. Ohne den Abbau des Steins über Jahrhunderte hinweg wäre die steinerne Orgel nicht sichtbar. Und wäre der Standort 1953 nicht zum Naturschutzgebiet erklärt worden, womit gleichzeitig auch der Bruch untersagt wurde, wäre das Gestein der wunderschönen »Rothauer Orgel« vermutlich irgendwo einfach verpflastert worden.

Adresse 357 01 Rotava 1 (Rothau), Tschechien | **Anfahrt** zum Gemeindeamt Sídliště 721, 357 01 Rotava 1, Tschechien (Lehrpfad): A 72, Ausfahrt Plauen-Süd, B 92 über Oelsnitz bis Adorf, links B 283, weiter über Markneukirchen bis Klingenthal, dort im Kreisverkehr 1. Ausfahrt rechts auf Route 210, Straßenverlauf bis hinter Graslitz folgen, halb links Route 21043, dieser folgen bis rechts Straße Sídliště | **Tipp** Eine vergleichbare Formation kann im Erzgebirge am Hirtstein, 09477 Marienberg-Satzung, besichtigt werden. Der dortige Basaltfächer hat die Form einer überdimensionalen Blume.

88 Die steinerne Rose

Oder auch: Das Auge des Drachen

Um sich ein Bild von den Zuständen in nicht allzu ferner Zukunft machen zu können, die der Klimawandel mit sich bringen wird, können Computersimulationen herangezogen oder Expertenvorträge gehört werden. Eine weitere Möglichkeit, sich dem Thema zu nähern, ergibt sich allerdings – sicherlich für einige überraschend – ebenso durch das Studium der Vergangenheit. Denn vor etwa 419 Millionen Jahren setzte sich in vielen Regionen eine ähnliche Witterung durch, wie sie bald zu erwarten ist: trockenes, fast tropisches Wetter mit heißen Temperaturen. Diese klimatischen Verhältnisse dauerten circa 58 Millionen Jahre an; das Zeitalter wird heute als »Devon« bezeichnet. Der Name geht auf die gleichnamige südenglische Grafschaft zurück, in der die beiden britischen Wissenschaftler Adam Sedgwick und Roderick Murchison in der ersten Hälfte des 19. Jahrhunderts Gesteine aus dieser Epoche ausgruben und untersuchten.

Die »Steinerne Rose« 700 Meter nördlich von Kloster, einem Ortsteil der Stadt Saalburg-Ebersdorf, ist in dieser erdgeschichtlichen Periode entstanden. Das Alter des Naturdenkmals wird auf circa 390 Millionen Jahre geschätzt. Auf den ersten Blick kommt die Formation ein wenig unauffällig daher, doch bei genauerer Betrachtung sind im Fels konzentrische Schalen zu erkennen, die in ihrer Gesamtheit einer aufblühenden Rosenknospe gleichen. In Fachkreisen werden die Arten der Gesteine, aus denen die »Steinerne Rose« besteht, als Diabas bezeichnet. Sie entstehen tief unter der Erdoberfläche, wenn Magma abkühlt und aushärtet. Durch vulkanische Aktivitäten gelangen sie mitunter an die Oberfläche und sind dort der Witterung ausgesetzt. Aber Schluss mit den Fachbegriffen und hin zur Vorstellungskraft: Wer sich gedanklich von der Rosenknospe lösen kann, könnte in der Formation auch etwas anderes erkennen: das von schuppigem Horn umgebene Auge eines Dinosauriers.

Adresse Steinerne Rose 5, 07929 Saalburg-Ebersdorf | Anfahrt A 9, Ausfahrt Schleiz, links L 1095, Straßenverlauf folgen bis rechts Steinerne Rose, dort parken. Die Formation befindet sich auf der anderen Straßenseite der L 1095 fußläufig wenige Meter entfernt. | Tipp Einen unvergesslichen Aufenthalt bietet das »Treibhouse« auf der Bleilochtalsperre. Das Hausboot ist hochwertig ausgestattet und bietet Platz für bis zu vier Personen. Für das »Anlanden« steht ein privates Beiboot zur Verfügung (www.treibhouse.eu).

89 Das Drachenzimmer

Pracht, Prunk und Protz … und eine arme Seele

Wahrlich ist das idyllisch auf einem Hügel gelegene Schloss Burgk eine Perle des Vogtlandes. Die Ursprünge der Anlage reichen bis ins 12. Jahrhundert zurück. Heutzutage beherbergt das Innere ein Museum, und so steht es jedem offen, auf Entdeckungstour durch die Räumlichkeiten zu gehen.

Bereits am Torhaus wird es unheimlich. Hinter Glas geschützt ist dort ein Hundeskelett zu sehen. Das schauerliche Geheimnis dahinter: Um böse Mächte zu besänftigen, war es im Mittelalter Brauch, Tiere beim Bau von Gebäuden als Opfergabe lebendig einzumauern.

Wahrscheinlich hätte ein Gebet in der reich dekorierten Schlosskapelle die gleiche Wirkung erzielt und dem armen Tier damit das Leid erspart. Die dort knapp unter der Gewölbedecke schwebende Silbermann-Orgel stammt aus dem Jahr 1743. Dieses kostspielige Musikinstrument allein reichte den Schlossbesitzern aber nicht, um zu zeigen, wo Barthel den Most holt. Ihre Machtdemonstration gipfelte 1886 in der Einrichtung des Prunkzimmers. Bereits beim Betreten überwältigt die Fülle an kunstvollen Details. Die hohe Decke ist mit Stuckverzierungen geschmückt, goldene Schnitzereien zieren die Türen und Fensterrahmen. Ein Kronleuchter aus funkelnden Kristallen und glänzendem Messing verleiht dem Zimmer einen fürstlichen Glanz. Die Wände sind mit edlem Wandbelag bedeckt. Eine außergewöhnliche Tapete wurde auch im Damensalon aufgetragen. Die Szenen aus der Drachenmythologie brachten dem Raum später den Namen »Drachenzimmer« ein. Die Darstellungen zeigen Lindwürmer, wie sie über Berge fliegen, in Schlachten kämpfen oder Schätze bewachen. Bei ihrer Betrachtung wird jeder sofort in eine Welt voller Abenteuer versetzt.

Nach der Gedankenreise wieder in der Realität angekommen, lohnt sich noch ein Ausflug zum Pavillon »Sophienlust«. Auf dem Weg dorthin öffnet sich ein malerischer Ausblick ins Saaletal nebst Talsperre Burgkhammer.

Adresse Burgk 17, 07907 Schleiz | Anfahrt A 9, Ausfahrt Schleiz, L 1095 in Richtung Gräfenwarth, auf Höhe der Bushaltestelle »Burgk Abzweig« rechts abbiegen, Straßenverlauf folgen bis Tola's Zollhaus, dort links abbiegen, weiter bis Parkplatz Burgk | Öffnungszeiten April – Okt. Di – So 10 – 18 Uhr, Nov. – März Di – So 11 – 16 Uhr | Tipp Die schmale Krone der Staumauer der Talsperre Burgkhammer kann – bei genügend Selbstvertrauen – mit dem Auto befahren werden. Doch Vorsicht: Gegenverkehr erhöht den »Skill-Faktor« deutlich.

90 Die Rennstrecke

Wettkämpfe entlang Tangenten und einer Hypotenuse

Bodennebel bedeckt die Wiesen rund um die Rennstrecke Schleizer Dreieck. Die Sonne schickt die ersten wärmenden Strahlen, trotzdem ist der Asphalt noch feucht vom Tau. Ein Motor brummt in der Ferne, ein Fahrzeug schiebt sich durch die Schikane. Ist es ein Rennfahrer, der sein Material testen möchte? Ein Vorbote eines anstehenden Wettkampfes? Doch der Wagen zieht gemütlich vorbei und verschwindet in der Ferne. Es ist nur eine Person auf dem Weg zur Arbeit.

Was sich für eine Rennstrecke zunächst kurios anhört, ist hier seit Anbeginn Programm. Denn das Schleizer Dreieck ist ein temporärer Parcours. Der überwiegende Teil des Kurses ist an rennfreien Tagen für den normalen Straßenverkehr freigegeben. Somit kann jeder mühelos in den Genuss kommen, eine Runde zu drehen. Kostenfrei! Einen Wermutstropfen gibt es allerdings dabei: Die geltenden Verkehrsregeln – insbesondere die Tempolimits – sind einzuhalten.

Trotzdem lohnt sich eine Ausfahrt, da sich das Feeling, auf einer Rennstrecke unterwegs zu sein, bereits nach den ersten Metern einstellt. Der breit ausgewalzte Asphalt ist mit renntypischen Farbmarkierungen versehen und wird von hohen Leitplanken flankiert. Vorbei geht es an der Buchhübeltribüne, weiter bis zum alten Start- und Zielgebäude. Es ist alles vorhanden, was eine Rennstrecke ausmacht.

Wer nun aber nicht nur an einer schnellen Ausfahrt interessiert ist, sollte sich die historischen Streckenverläufe einprägen. Denn der Kurs ist seit seiner Einweihung im Jahr 1923 mehrmals neu konzipiert worden und war einst deutlich länger. Gerade der Umbau im Jahr 2004 halbierte eine Runde auf 3,8 Kilometer. Die gute Nachricht: Die heute nicht mehr für ein Rennen genutzten Abschnitte können weiterhin besucht werden. Es ist also möglich, überall den Abgasen der hochgezüchteten Motoren nachzuspüren, die die Rennfahrer hier mit ihren Gefährten einst ausgestoßen haben.

Adresse Heinrichsruh 8, 07907 Schleiz | Anfahrt A 9, Ausfahrt Schleiz, B 282 in Richtung Schleiz, im Kreisverkehr geradeaus auf Hofer Straße, weiter bis rechts auf Am Schleizer Dreieck | Öffnungszeiten grundsätzlich immer zugänglich; allerdings ist die Strecke an Renntagen für den öffentlichen Verkehr gesperrt | Tipp Der Schlosspark inmitten von Schleiz lädt nach einer spannenden Ausfahrt zum Ausspannen ein. Von dem 1945 zerstörten Schloss sind die Türme heute noch erhalten.

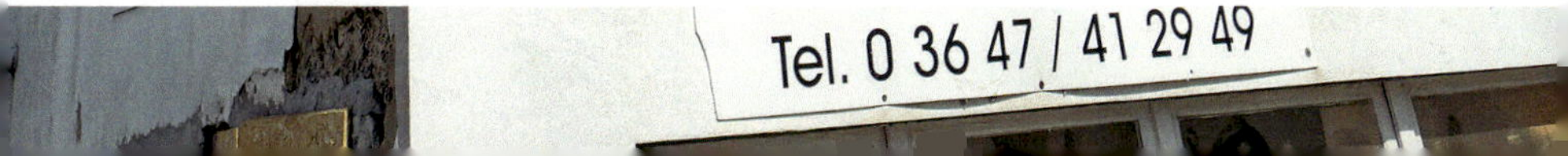

91__Die Wisentatalbahn

Mit dem »Ferkeltaxi« unterwegs

»Wenn jemand eine Reise tut, so kann er was erzählen, drum nähme ich den Stock und Hut und tät das Reisen wählen«, reimte der Dichter Matthias Claudius. Auch wenn sein poetischer Ausflug um die ganze Welt führt, so ist die Aussage auch dann richtig, wenn die Tour von bescheidener Natur ist. Um nun an eine neue Anekdote zu gelangen, die beim nächsten Familienfest erzählt werden kann, empfiehlt sich die Fahrt mit dem »Ferkeltaxi«. Allein der Spitzname garantiert eine Nachfrage. Mit den Worten »Nun ja, eigentlich …« kann dann die Spannung gesteigert werden.

Denn streng genommen sind die Fahrzeuge der Wisentatalbahn, die zwischen Schönberg und Schleiz West verkehren, keine »Ferkeltaxis«. Die Ähnlichkeit mit dem Original ist zwar frappierend, doch gibt es einen entscheidenden Unterschied: Als »Ferkeltaxis« wurden die Schienenbusse vom VEB Waggonbau Bautzen (später Görlitz) liebevoll verballhornt. Aufgrund ihrer meist roten Lackierung und des markanten Aussehens wurden sie auch als »Blutblase«, »Sandmännchenzug« oder »Eule« bezeichnet. Der Förderverein Wisentatalbahn e. V. setzt dagegen Schienenbusse aus westdeutscher Produktion ein.

Zugegeben, solche Details könnten die Zuhörerschaft ermüden. Um das Interesse erneut anzufachen, sollte vom Fahrerlebnis berichtet werden, denn jede gute Geschichte lebt von Aktion. An Wiesen und Feldern entlang schnurrt der Zug über die Schienen. Die Wisenta schlängelt sich ins Blickfeld, dem Zugführer kann über die Schulter geschaut werden, und für das leibliche Wohl stehen Imbisse und Getränke zur Verfügung. Für die Fotoshootings sind Haltezeiten an den Bahnsteigen eingeplant.

Die Angehörigen werden begeistert sein. Doch Obacht! Jede noch so gute Geschichte nutzt sich ab. Nicht dass irgendwann die Enkel hinter vorgehaltener Hand murmeln: »Oma erzählt wieder vom Ferkel.« Spätestens dann empfiehlt sich ein Themenwechsel.

Adresse Geraer Straße 26a, 07907 Schleiz | **Anfahrt** A 9, Ausfahrt Dittersdorf, rechts auf L 1077, Straßenverlauf bis nach Schleiz folgen, Bahnhof an der Geraer Straße links | **Öffnungszeiten** Fahrplan siehe Website des Vereins: www.wisentatalbahn.de | **Tipp** Der eingetragene Verein »Traditionsgemeinschaft Ferkeltaxi« aus Chemnitz betreibt originale »Ferkeltaxis«. Ausfahrten siehe www.museumsferkel.de.

92 Die 1.000-jährige Eiche

Naturdenkmal und Grab eines Ministers

In welchem Jahr diese außergewöhnliche Eiche von Nöbdenitz als junges Pflänzchen das Licht der Welt erblickt hat, wird wohl immer ein geheimnisvolles Kapitel ihrer Geschichte bleiben. Als eine der dicksten und ältesten Eichen Deutschlands hat der Baum im Laufe der Zeit schon viele Unwetter über sich ergehen lassen. Während eines heftigen Gewittersturms im Jahr 1819 verlor die Eiche ihre Baumkrone und mehrere kräftige Äste. Insektenfraß und Pilzbefall haben den Stamm vor Jahrhunderten fast vollständig ausgehöhlt, doch all dies konnte die alte Eiche nicht erschüttern. Sie streckt immer noch jedes Jahr ihre grünenden Äste dem Himmel entgegen.

Das Naturdenkmal, das im Volksmund liebevoll 1.000-jährige Eiche genannt wird, ist Schätzungen zufolge etwa 800 Jahre alt. Der knorrige Baum ist nicht nur das Wahrzeichen des Ortes, er verbirgt zudem ein einzigartiges Geheimnis in seinem Inneren. Unterhalb des hohlen Stamms befindet sich im Wurzelraum eine gemauerte Gruft. Hans Wilhelm von Thümmel (1744–1824), Geheimrat, Minister und Diplomat im Herzogtum Sachsen-Gotha-Altenburg, hatte die Eiche der Kirchgemeinde abgekauft und diese als seine außergewöhnliche Begräbnisstätte auserkoren. Lange Zeit kursierten seltsame Geschichten, der Verstorbene sei sitzend auf einem Stuhl eingemauert worden, andere zweifelten die Existenz des Toten an.

135 Jahre nach Thümmels Tod ging der Heimatforscher Ernst Bräunlich aus Posterstein dem Mysterium auf den Grund. Gemeinsam mit Schülern, die der ehemalige Lehrer für dieses Vorhaben gewinnen konnte, entdeckte er am 8. April 1959 in der Stammhöhle einen Andachtsraum. Sie gruben ein Loch und stießen auf eine Kalkschicht mit drei Natursteinplatten darunter. Ein zwei Meter langes Grab in einem Hohlraum, in dem das Skelett lag, konnte alle Zweifel an der Baumbestattung beseitigen. Zu Recht trägt die alte Eiche daher auch den Namen Grabeiche.

Adresse Dorfstraße 29, 04626 Schmölln-Nöbdenitz | Anfahrt A 4, Ausfahrt Ronneburg, B 7 in Richtung Schmölln, rechts Bahnhofstraße, Straßenverlauf folgen bis rechts Dorfstraße, weiter bis zur Eiche, Parken direkt gegenüber | Tipp Der Sprotte-Erlebnispfad startet am Fuße der historischen Burg Posterstein und erstreckt sich entlang des Wassers mit zahlreichen interaktiven Stationen. Dieser Wasserlehrpfad führt vorbei an historischen Gebäuden und endet schließlich in Schmölln.

93 Das Zigarrenmuseum

»Schöneck – Bekannt durch gute Zigarren«

Das Erste, womit man die Stadt Schöneck in Verbindung bringt, dürfte der Sport sein. Ob Bikewelt, Loipen, Wanderrouten, Abfahrtspisten oder ein Erlebnisbad: Wer es nicht gerade wie Winston Churchill hält und ausruft: »No Sports!«, wird in der höchstgelegenen Stadt Thüringens sicherlich ein passendes Angebot für seine individuelle sportliche Präferenz finden.

Wer es dagegen lieber gemütlicher angehen möchte, kann dem ortsansässigen Museum einen Besuch abstatten. Interessanterweise bietet sich an dieser Stelle erneut an, Winston Churchill zu erwähnen. Denn denkt man an den ehemaligen britischen Premierminister, dann entsteht meist ein Bild vor dem inneren Auge, auf dem er eine torpedogroße Zigarre zwischen den Fingern hält. Und damit schließt sich hier tatsächlich ein Kreis. Denn das Zweite, wofür Schöneck bekannt ist, ist seine jahrhundertealte Tradition der Zigarrenproduktion. Darauf ist man vor Ort zu Recht stolz, und daher war es naheliegend, diesem Aspekt in Form einer Dauerausstellung im Zigarren- und Heimatmuseum Raum zu geben.

Die Geschichte der Zigarrenherstellung reicht zurück bis ins Jahr 1860. Von Anfang an wurde auf höchste Qualität geachtet, was sich nicht nur in der ausgezeichneten Güte der Tabakblätter widerspiegelte, sondern auch in der Auswahl des Personals. Denn das Drehen von exzellenten Zigarren bedarf erheblichen handwerklichen Geschicks. Meist übernahmen Frauen diese Tätigkeit, da sie von Natur aus über die bessere Feinmotorik verfügen und meist auch geduldiger als Männer sind. Mit der Zeit erlangte so die Rauchware aus Schöneck weltweit einen ausgezeichneten Ruf.

Das alles und noch viel mehr erfahren die Besucher des Museums. Und sollte dabei der Wunsch nach einem genussvollen Aroma in der Mundhöhle aufkommen, kann im angeschlossenen Café zwar keine Zigarre gequarzt, aber immerhin ein leckeres Stück Kuchen verpinselt werden.

Adresse Bauhofstraße 1, 08261 Schöneck | **Anfahrt** A 72, Ausfahrt Plauen-Ost, dann B 173 in Richtung Neuensalz, rechts auf B 169 bis Falkenstein, im Ort auf die Mozartstraße, dann rechts auf Dr.-Wilhelm-Külz-Straße, Straßenverlauf bis Ende folgen, rechts auf S 302 in Richtung Muldenberg, in Muldenberg rechts Schönecker Straße, Straßenverlauf folgen bis Schöneck, rechts Albertplatz, dann links Hauptstraße, diese bis rechts Bauhofstraße | **Öffnungszeiten** Di und Do 14–17 Uhr | **Tipp** Während »die Großen« auf den im Stadtkern gelegenen Aussichtsfelsen »Alter Söll« aufsteigen und dafür mit einem Panoramablick über das Elstergebirge und die Höhen des Vogtlandes belohnt werden, können »die Kleinen« auf dem wunderschön gestalteten Abenteuerspielplatz am Fuße des Felsens herumtollen.

94__Das Erika-Fuchs-Haus

Der Ursprung von »grübel«, »bibber« und »schauder«

Seit ihrer Entstehung haben die Abenteuer von Mickey Mouse, Donald Duck und Co. über Jahrzehnte hinweg Kinderaugen zum Leuchten gebracht. Und dass auch künftige Generationen das Vergnügen haben werden, mit Dagobert Duck im Münzspeicher schwimmen zu gehen, steht außer Frage. Denn aus der kleinen Maus, die Walt Disney 1928 an das Ruder eines Dampfschiffes stellte, entwickelte sich ein weltweit operierendes Unternehmen mit Hunderttausenden von Angestellten, die nicht müde werden, die bunte Verlockung zu zeichnen und ideenreich zu vermarkten.

Was allerdings bei dieser Erfolgsgeschichte oft wenig Aufmerksamkeit erhält, ist der Einfluss der Übersetzungen. Denn Hand aufs Herz: Wer hätte sich in jungen Jahren ein Micky-Maus-Heft zur Hand genommen, wenn in den Sprechblasen ausschließlich amerikanisches Kauderwelsch zu lesen gewesen wäre? Die Übersetzungen waren es, die den Lesespaß bei den meisten erst ermöglichten. Und für den deutschsprachigen Raum gebührt der Dank dafür einer Frau, die fünf Jahrzehnte in dem Haus in Schwarzenbach wohnte, in dem sich heutzutage ihr zu Ehren das gleichnamige Museum befindet: Erika Fuchs.

Aufgewachsen in einem gutbürgerlichen Hause, konnte Erika Fuchs anfänglich wenig mit Comics anfangen. Da aber kurz nach dem Zweiten Weltkrieg die Möglichkeiten einer angemessenen Beschäftigung für eine Kunsthistorikerin fast aussichtslos waren, heuerte sie des Geldes wegen schließlich bei dem Verlag an, der die Micky-Maus-Hefte herausbrachte. 1951 übersetzte sie ihre erste Ausgabe, welche sofort zum Bestseller avancierte. Fortan war Erika Fuchs bis zu ihrem Ruhestand im Jahr 1988 verantwortlich für die Übersetzungen. Dabei war sie derart kreativ, dass sich aus ihren übersetzten Sprechblasen sogar das Forschungsgebiet des sogenannten »Donaldismus« entwickelte.

Am 22. April 2005 verstarb Erika Fuchs im Alter von 98 Jahren.

Adresse Bahnhofstraße 12, 95126 Schwarzenbach a. d. Saale, www.erika-fuchs.de | Anfahrt A 93, Ausfahrt Rehau-Süd, B 289 in Richtung Rehau, Straßenverlauf folgen rechts Frankenstraße, weiter bis rechts Bahnhofstraße | Öffnungszeiten Di – So 10 – 18 Uhr | Tipp In der August-Bebel-Straße 30, fußläufig vom Erika-Fuchs-Museum erreichbar, befindet sich das Schul- und Heimatmuseum. Öffnungszeiten: ganzjährig nach Vereinbarung.

95 Das Porzellangässchen

Kleine Teilchen, große Wirkung

Am 18. März 1856 bricht eine Katastrophe über Selb herein: Die Achtlosigkeit einer Magd führte zu einem Brand, der innerhalb weniger Stunden die Stadt zerstörte. Aus den Ruinen der einstigen Weberstadt entwickelte diese sich zur Porzellanstadt, nachdem Lorenz Hutschenreuther im Jahr 1857 mit der Gründung der ersten Porzellanfabrik den Grundstein zur weltberühmten Porzellanindustrie in Selb legte.

Auch wenn die Branche an Bedeutung verloren hat, sind die Spuren des »weißen Goldes« in der oberfränkischen Stadt allgegenwärtig. Unverkennbar sind die überdimensionalen Teekannen an den Ortseingängen, und in der Weißenbacher Straße kann man die größte Kaffeekanne der Welt bestaunen. Sie ist 4,85 Meter hoch, wiegt 400 Kilogramm und fasst 60.000 Tassen. Zum »Kaffeeklatsch« könnten die rund 16.000 Einwohner von Selb also noch jede Menge Gäste einladen.

Mehr Details aus Porzellan gibt es bei einem Stadtbummel zu entdecken. Neben einer Parkbank, Straßen- und Wandbildern wurde auch die Stadtgeschichte auf Porzellan gebannt. Das Wandrelief am Welzel-Haus in der Pfaffenleithe stellt auf handbemalten Kacheln Alt-Selb, den verheerenden Brand und die erste Hutschenreuther-Porzellanfabrik dar. Auf dem Martin-Luther-Platz zieht ein Porzellanbrunnen in Blau- und Türkistönen die Blicke der Passanten auf sich. Aber besonders beeindruckend ist das Porzellangässchen – das gute Porzellan kommt in Selb eben nicht nur auf den Tisch, es liegt auch auf der Straße! Im Jahr 1970 wurde die Passage zwischen Ludwigstraße und Gerberplatz erstmals mit dem edlen Material gepflastert, 33 Jahre später erfolgte durch die Manufaktur Barbara Flügel eine Umgestaltung. Sage und schreibe 55.000 porzellanene Mosaikteilchen mit verschiedenen Formen und Strukturen zieren die kleine Gasse und verleihen ihr einen Hauch südländischen Flairs. Hier flaniert man buchstäblich auf teurem Pflaster.

Adresse Ludwigstraße, 95100 Selb | Anfahrt A 93, Ausfahrt Selb-West, B 15 in Richtung Selb, Straßenverlauf folgen bis Kreisverkehr, geradeaus in die Marienstraße, dann rechts Bahnhofstraße bis links Ludwigstraße und dort parken (gegenüber der Tourist-Information befindet sich der Porzellanweg) | Tipp Die 22 Glocken des Porzellanglockenspiels am Selber Rathaus lassen um 11, 13, 15 und 17 Uhr der Jahreszeit angepasste Melodien erklingen.

96__Der Sooser Hexenkessel

Es stinkt, brodelt und zischt

Das Naturschutzgebiet Soos gehört zweifelsohne zu den außergewöhnlichsten Regionen in Tschechien. Es zeichnet sich durch eine große Anzahl von geologischen Phänomenen aus, ebenso beeindruckt die Vielfalt an Pflanzen und Tieren. Davon kann sich jeder selbst ein Bild machen, denn auf einem Lehrpfad können Interessierte auf Erkundung gehen.

Kaum die Eintrittskarten erstanden und das Drehkreuz am Eingang passiert, verändert sich die Landschaft. Auf einem Holzsteg geht es durch ein sumpfiges Biotop mit Gräsern auf den Lichtungen und Birken am Wegesrand. Zahlreiche Schautafeln informieren – auch in deutscher Sprache – über die Geologie, Flora und Fauna. Nach wenigen Minuten ist die Kaiserquelle erreicht. Ihr eigentlich heißes Wasser vermischt sich beim Aufstieg mit kälterem, so liegt die Austrittstemperatur lediglich bei mundgerechten 17,5 Grad Celsius. Das Wasser der Kaiserquelle darf getrunken werden. Durch den hohen Eisengehalt und den auffälligen Schwefelwasserstoffgeruch ist das allerdings ein eher zweifelhaftes Vergnügen.

Der weitere Weg führt über eine Fläche, die mit Mehl bestäubt zu sein scheint. Tatsächlich handelt es sich dabei aber um Salzwasserkieselalgen, die hier einen exzellenten Lebensraum geboten bekommen.

Kurz darauf brodelt es im Wasser entlang des Stegs. Aus den sogenannten Mofetten tritt Kohlendioxid aus. Der Name leitet sich vom deutschen Wort »Muffe« ab, was so viel wie »Schwefel« bedeutet. Wenig später endet der Lehrpfad, und ein breiter Weg führt zurück zum Parkplatz.

Doch allzu eilig sollte es niemand haben, denn auf halber Strecke führt noch ein kleiner Pfad auf ein Podest, in dem eine Mofette mit einem Holzkranz eingefasst wurde. Mit dem brodelnden Wasser darin wirkt es, als köchelte eine Hexe einen Zaubertrank. Das Beste daran: Der »Hexenkessel« ist nicht Bestandteil des Lehrpfades und kann daher kostenfrei besichtigt werden.

Adresse Kateřina 39, 351 34 Skalná (Wildstein), Tschechien | Anfahrt Autobahn D6, Ausfahrt Route 21 (Franzensbad/Eger) in Richtung Franzensbad, bei Aleje rechts Route 21217, weiter bis links Route 21310, in Rohr rechts Route 21311, Straßenverlauf folgen bis Parkplatz | Öffnungszeiten Lehrpfad: März–Mai und Sept.–Nov. täglich 9–17 Uhr, Juni–Aug. täglich 9–18 Uhr | Tipp Im Nachbarort Rohr befindet sich das Restaurant »Selský dvůr«. Gäste können sowohl im Innenhof des renovierten Bauernhofes als auch in der urigen Gaststube die böhmische Küche genießen.

97 Das Gasthaus Kremlink

Der »Geburtsort« von Old Shatterhand

Zweifelsohne reiht sich Karl Friedrich May in die Liste der bedeutendsten deutschsprachigen Autoren ein. Einst war sein Apachenhäuptling Winnetou so bekannt wie heute Harry Potter, die weltweite Gesamtauflage seiner Romane wird auf über 200 Millionen geschätzt. May, der in ärmlichen Verhältnissen aufwuchs, hatte in seinem Leben zahlreiche Schwierigkeiten zu bewältigen. Mehrmals saß er im Gefängnis, teilweise aus Gründen, die heutzutage bizarr wirken. So brachte ihn einmal der Diebstahl von Kerzenresten hinter schwedische Gardinen.

Das Eingesperrtsein wusste May für sich zu nutzen. Bei seinem längsten Aufenthalt auf Staatskosten las er sich quer durch die Gefängnisbibliothek und legte damit den Wissensgrundstock für seine Erzählungen. Es stimmt zwar, dass May seine Geschichten schrieb, ohne die Schauplätze besucht zu haben. Doch recherchierte er ausführlich, um seine Helden vor einem wirklichkeitsgetreuen Hintergrund auftreten zu lassen.

Allerdings war es wohl nicht so, dass sich May ausnahmslos am Schreibtisch die Finger wund schrieb. Ab und an soll er sich einen Abstecher ins nahe Böhmen gegönnt haben, um dort mit Freunden eine Runde zu zechen. Dabei soll ein Ausflug den Schriftsteller auch in das Gasthaus Steiniger – später »Kremlink« – in Sokolov geführt haben. Angeblich inspirierte ihn die Gastlichkeit des Hausherrn Franzl Scholz zu der 1897 erschienenen Erzählung »Weihnacht!«, in der als junger Ich-Erzähler der spätere Old Shatterhand auftritt.

2006 gestaltete der Künstler Vitezslav Eibl eine Tafel zum Gedenken an Mays Besuch. Sie ziert heute das Gebäude des ehemaligen Wirtshauses. Allerdings soll nicht verschwiegen werden, dass Karl Mays dortige Einkehr nicht erwiesen ist. Es könnte sein, dass Mays überbordende Phantasie, gepaart mit seiner Fähigkeit zur akribischen Buchrecherche, auch für seine Weihnachtsgeschichte die alleinige Basis bildete.

Adresse Staré nám. 135, 356 01 Sokolov 1 (Falkenau an der Eger), Tschechien | Anfahrt Autobahn D 6, Ausfahrt Route 210 (Sokolov) in Richtung Sokolov, Route 210 folgen bis Innenstadt Sokolov, dort links Straße Husitská, halb rechts Komenského, Straße folgen bis Parkplatz, von hier 5 Minuten bis zur Fußgängerzone | Tipp Der Brunnen am Marktplatz wurde 1717 installiert. Zu sehen ist ein Falkner mit Falken und Jagdhund. Die um den Säulenschaft rankenden Hopfenzweige erinnern an die Hopfen-Tradition in der Region.

98 Das Haus der Bergleute

Bildhauerkunst vom Feinsten

So rosarot, wie die Fassade des ehemaligen Bergarbeiterheims im westböhmischen Sokolov erstrahlt, ist das Leben der Bergleute mit Sicherheit nicht gewesen. Die Stadt blickt auf eine jahrhundertealte Bergbautradition zurück. Eine zentrale Rolle spielte der Braunkohlebergbau in der Region, der die Wirtschaft und das Leben der Menschen prägte. Während des 19. und 20. Jahrhunderts erlebte die Bergbauindustrie ihre Blütezeit, hat aber mit dem Niedergang der Kohleförderung an Bedeutung verloren. Heute erinnern Museen, Denkmäler und das Haus der Bergleute an die bedeutende Geschichte des Bergbaus in der Region. Das monumentale Gebäude ist ein Symbol für die harte Arbeit und die Opfer, die die Bergleute erbracht haben. Nach einem Entwurf des Architekten Rudolf Wels wurde das Haus 1925 unter dem Namen Hornický dům (Bergmannshaus) eröffnet. Es wurde zu einem wichtigen Zentrum des gesellschaftlichen, politischen und kulturellen Lebens. Derzeit beheimatet es das Städtische Kulturhaus und Infozentrum.

Markanter Blickfang an der Vorderseite des Bauwerks ist ein circa 30 Meter langer Fries mit dem Titel »Ein Tag im Leben eines Bergmanns«. Das Relief war zur Zeit seiner Entstehung eines der ersten Werke mit der Darstellung einfacher Menschen. Die zwei Meter großen Skulpturen zeigen in acht Szenen eindrucksvoll den Alltag eines Grubenarbeiters: Früh am Morgen bei Sonnenaufgang verabschiedet sich der Mann von seiner Familie und bricht zur Grube auf. Dort angekommen nehmen die Bergleute ihre Werkzeuge und fahren gemeinsam mit dem Förderkorb unter Tage. Während der Schicht müssen die Kumpel hart schuften. Am Ende des Arbeitstages kehren die Männer mit dem Förderkorb zurück an die Oberfläche. Auf dem Heimweg leuchten bereits die Sterne am Himmel. Zu Hause heißt die Familie den erschöpften Bergmann willkommen, das Licht brennt in der Stube, und das Abendessen wird aufgetischt.

Adresse 5. května 11, 356 01 Sokolov (Falkenau an der Eger), Tschechien | Anfahrt Autobahn D 6, Ausfahrt Route 210 (Sokolov) in Richtung Sokolov, Route 210 folgen bis Innenstadt Sokolov, dort rechts Straße K. H. Borovského, links Straße nám. Budovatelů, links Straße 5. května | Öffnungszeiten Infozentrum Mo–Fr 8–17 Uhr | Tipp Das nationale Kulturdenkmal Důl Jeroným ist ein stillgelegtes Zinnbergwerk nahe der ehemaligen königlichen Bergbaustadt Čistá. Beeindruckende mittelalterliche Kammern und Relikte der historischen Bergbaumethoden sind hier zu bewundern.

99 Der Stelzenbaum

Baumbart aus »Herr der Ringe« lässt grüßen

Dieser Name: Stelzenbaum. Und schon spielt die Phantasie auf einer imaginären Klaviatur die lustigsten Stücke. Wie wäre es mit einer Eiche, die ihre Wurzeln um lange Holzlatten schlingt und über eine Wiese schreitet? Bei anderen manifestieren sich vor dem geistigen Auge zwei dünne Stämme, die sich in der Höhe vereinen und eine Krone ausbilden.

So reizvoll diese Vorstellungen auch sind: Der wahre Namensursprung ist profaner und eher unspektakulär. Der Baum steht auf einem 609 Meter hohen Hügel nahe dem Dorf Stelzen. 1569 erstmalig erwähnt, 1897 bei einem schweren Unwetter umgeknickt, wurde der verbliebene Baumstumpf 1926 ausgemauert.

Allerdings sollte nun niemand desillusioniert aufseufzen, denn rund um das ehemalige Holzgewächs rankt sich zwar kein grünes Blattwerk mehr, dafür aber abenteuerliche Überlieferungen. So sollen auf der Höhe einst marodierende Soldaten einen alten Schäfer gefoltert, sogar mit dem Tode bedroht haben. Die Kämpen suchten einen Jüngling, den sie für ihre Dienste pressen wollten, der ihnen aber entflohen war. Allerdings kannte der Greis das Versteck nicht, nur glaubten die Bewaffneten das nicht. Da rammte der Schäfer wütend seinen Hirtenstab in die Erde und rief: »So wahr mein alter Stab, den ich hier in den Boden stoße, binnen drei Tagen grünende Zweige treiben wird, so wahr ist es, dass ihr einen Unschuldigen tötet!« Das rettete zwar am Ende nicht sein Leben, doch drei Tage später grünte der Stecken tatsächlich. Entsetzt floh der feige Haufen und ward nie wieder gesehen.

In einer anderen Sage sollen denjenigen angenehme Träume ereilen, der unter dem Baum einschläft. Und auch ein vergrabener Goldschatz fehlt in der legendenumwobenen Historie des Stelzenbaums nicht. Alles in allem dürfte damit genug mythischer Stoff zusammenkommen, um die eingangs erwähnten Vorstellungen ausufernd weiterzuspinnen. Viel Spaß dabei.

Adresse L 1089, 07922 Tanna | **Anfahrt** A 9, Ausfahrt Bad Lobenstein, B 2 in Richtung Gefell, in Gefell rechts L 3002, links L 1093, Straßenverlauf über Haidefeld, Mißlareuth bis Reuth folgen, links Stelzen, dort auf Ausschilderung rechts nach Festspielscheune achten, Parken direkt am Stelzenbaum möglich | **Tipp** Ein seltsames Wesen ist im rund zehn Kilometer vom Stelzenbaum entfernten Schloss Leubnitz ausgestellt: eine Mischung aus Eule, Ente und Kaninchen. Bei einem Besuch des Jagdmuseums kann das Geheimnis gelüftet werden (www.schloss-leubnitz.de).

100 Die Autobahnraststätte

Die Erste ihrer Art in Deutschland

Huhn oder Ei? Was war zuerst da? Diese Frage hat über Generationen hinweg viele ins Grübeln gebracht.

Überträgt man die Methode der Fragestellung auf die Raststätte Rodaborn und die daran vorbeiführende Autobahn, so ist die Antwort zwar eindeutig, aber trotzdem überraschend. Das »Walderholungsheim Rodaborn« wurde als Ausflugslokal im Jahr 1928 eröffnet. Doch erst Jahre später asphaltierten die Nationalsozialisten das graue Band der heutigen A 9 durch die Thüringer Landschaft. Dabei entschieden sich die Erbauer dafür, bestehende Gaststuben nahe der Autobahn in ihr Konzept einzubeziehen. So wurde am 20.12.1936 aus dem »Walderholungsheim« die erste Autobahnraststätte Deutschlands.

Den Zweiten Weltkrieg überstand die Raststätte weitestgehend unbeschadet. 1961 übernahm die Mitropa die Räumlichkeiten. Zusammen mit dem neuen Betreiber zog die Stasi ein, die fortan mit rund 140 Mikrofonen die Transitreisenden abhorchte. Nach der Wende kam nicht nur das Aus für die Lauschaktion, auch die Raststätte schloss am 30.6.2004.

Doch damit ist die Geschichte nicht beendet. Denn wenige Jahre später entwickelte sich eine unrühmliche Behördenposse, die durch die Medien ging. 2009 wurde das Gebäude an Privatpersonen verkauft. Das Ehepaar wollte sich dort aber nicht zur Ruhe setzen, sondern geschäftstüchtig ein Business starten. So grillten sie Bratwürste und verkauften diese über den Zaun hinweg, der Rastplatz und ehemalige Raststätte trennt. Dem zuständigen Amt gefiel das gar nicht, und es untersagte das Hinüberreichen der Thüringer. Daraus entwickelte sich – dem Kampf von David gegen Goliath gleichend – ein jahrelanger Rechtsstreit.

Anders jedoch als in der biblischen Überlieferung steht zu befürchten, dass der »David« in dieser Geschichte keinen entscheidenden Treffer landen kann und somit die schmackhaften »Roster« zukünftig nicht mehr den Weg zum Rastplatz finden werden.

Adresse Oberpöllnitzer Straße 8, 07819 Triptis | **Anfahrt** A 9, Ausfahrt Triptis, B 281 in Richtung Oberpöllnitz, erste Ausfahrt von der Bundesstraße rechts, im Kreisverkehr links, Straße »Am Stadtwald« folgen bis T-Kreuzung, dort rechts, weiterfahren bis zur ehemaligen Raststätte | **Tipp** Im »Automatisierten Hofladen« namens »Milchhaus« zwischen Lemnitz und Leubsdorf können rund um die Uhr regionale Produkte wie zum Beispiel Milch, Eier und Kartoffeln gekauft werden.

101 Die Widenkirche

In ihren Mauern scheint die Zeit stillzustehen

Wer eine Stadtrallye plant, sollte Weida in die engere Auswahl als Schauplatz nehmen. Kaum ein Ort im Vogtland bietet auf engstem Raum eine derartige Fülle an Hotspots. Die Vielzahl an Material, das sich für Rätsel und Fragen anbietet, ist überwältigend.

Anfangen könnte man mit der weithin sichtbaren Osterburg, die über den Dächern der historischen Häuser zu schweben scheint, die den Marktplatz einfassen. Hier, an diesem zentralen Punkt der Stadt, steht auch das Rathaus mit seinem markanten Turm, der mit dem der Burg konkurriert. Nur wenige Meter entfernt öffnet das Technische Schaudenkmal »Lohgerberei« seine Pforten, um über Gerberei und Lederherstellung zu informieren.

Sind diese Aufgaben erledigt, geht es zum »Platz der Freiheit«. Dort findet sich das Mahnmal zum Gedenken an den Todesmarsch der Häftlinge des KZs Buchenwald im Jahr 1945. Von dieser düsteren Begebenheit in der deutschen Geschichte weiter zur Informationstafel am Haus Ecke »Geraer Straße« und »Am Plan«, die Kurioses verrät: Sie markiert die ehemalige »Brotbank«. Bitte was? Ja, richtig gelesen. Unter einer Brotbank versteht man die gemeinsame Verkaufsstätte der Bäckermeister einer Stadt. Und die Jungs hatten es wirklich drauf. Ihr beliebter Blechkuchen wurde in der Region dermaßen bekannt, dass er der Stadt den Spitznamen »Kuchen-Weide« einbrachte. Abschließen sollte man den Stadtrundgang mit der Ruine der Widenkirche. Sie ist das älteste und schönste sakrale Baudenkmal der Stadt. Im 12. Jahrhundert erbaut, wurde sie bis 1527 für Gottesdienste genutzt. Brände und Zerstörungen im Dreißigjährigen Krieg verwandelten die Kirche dann in eine Ruine.

Last, but not least: Direkt vor der Pforte des ehemaligen Gotteshauses steht ein riesiger Bilderrahmen. Hier kann nach erfolgreich abgeschlossener Rallye ein Erinnerungsfoto vor dem Hintergrund der Altstadt und der Osterburg geschossen werden.

Adresse Greizer Straße 14, 07570 Weida | Anfahrt A 9, Ausfahrt Lederhose, B 175 in Richtung Weida, in Weida rechts Geraer Straße, weiter über Mittelstraße, Obere Straße in die Greizer Straße | Tipp In der Nachbargemeinde Wünschendorf führt eine historische Holzbrücke über die Weiße Elster. Sie gehört zu den letzten überdachten Holzbrücken in Deutschland und steht unter Denkmalschutz.

102 Der Massi-Park

Hightech für Robotron

Einst verirrte sich Bischof Egidius in einem Wald. Das Herumirren überanstrengte ihn derart, dass er sich zu einem Nickerchen hinlegte. Während er schlief, warf sich ihm ein verwundetes Reh zu Füßen. Aufgeschreckt rief Egidius aus: »Wer da?« Da erblickte er das Reh und befreite es von dem Pfeil im Hinterlauf. Das Tier humpelte davon, und der Bischof machte sich wieder auf den Weg. Als er in der Ferne endlich die Dächer seiner Abtei erspähte, beschloss er wohlgemut, eine Stadt zu gründen. Dafür wählte er den Ort aus, wo ihm das Reh begegnet war.

So die Legende. Aus »Wer da?« wurde »Werdau«, und zum Dank für die Gründung wurde Egidius nebst Reh ins Stadtwappen aufgenommen. Das Geschick für prägnante Wortbildungen scheint den Werdauranern im Blut zu liegen. Als im Mai 1947 der »VEB Massindustrie Werdau« entstand, wurde der Betriebsname im Firmenlogo kurzerhand zu »Massi« verkürzt. Diese gefälligere Benennung entwickelte sich zu einem Synonym für ausgezeichnete Qualität. Was das Werk in Werdau verließ – ob Messgeräte, elektronische Steuerungen oder Kilometerzählwerke –, erfüllte höchste Ansprüche. Die Güte war sogar derart herausragend, dass »Massi« dem Computerkombinat Robotron zulieferte.

1972 wurde das Betriebsgelände in Werdau zu klein, und der Umzug nach Frauenreuth stand an. Mit der Wende kam dann leider auch rasch das Ende. Selbst die für damalige Zeit äußerst innovative Idee eines elektronisch gesteuerten Katzenklos konnte den Konkurs nicht mehr abwenden.

Heutzutage lädt nach dem Abriss der Firmengebäude der »Massi Park« zum Verweilen ein. Inmitten der grünen Lunge erinnert die wunderschöne Stele des Kunstschmiedes Theo Braun an die Geschichte von »Massi«. Die Werksgebäude in Frauenreuth sind dagegen noch erhalten. Aus der Luft betrachtet gleichen sie einem Tonbandgerät. Ein »Überflug« mit Google Maps sei an dieser Stelle empfohlen.

Adresse Burgstraße, 08412 Werdau | **Anfahrt** A 4, Ausfahrt Meerane, B 93 in Richtung Zwickau, in Zwickau rechts B 175, Straßenverlauf von B 175 bis Werdau folgen, halb links auf Burgstraße (Ecke Zwickauer Straße) | **Tipp** In der August-Bebel-Straße steht das sicherlich kurioseste Wahrzeichen von Werdau: die Annoncenuhr. Im Gehäuse rotieren alle 30 Sekunden Annoncen und Bekanntmachungen, vergleichbar mit einem Newsticker.

103__Der Märchenwald

Wo nicht nur der Specht hämmert

Es war einmal… ein Mann namens Herbert Schulze, der in Wünschendorf an der Weißen Elster eine Mühle betrieb. Im Jahr 1927 hatte er die Idee, einen Märchenwald zu gründen, um Touristen in das Örtchen zu locken. Im Kamnitzgrund, inmitten der malerischen Landschaft Thüringens, wo die Bäume ihre Äste wie schützende Arme über den Besucher ausbreiten, ein sanfter Duft von Moos und Erde in der Luft liegt und der Kamnitzbach gemütlich durch den Wald plätschert, legte der Mühlenbesitzer den Grundstein für sein Vorhaben und gab zwei Wasserspiele in Auftrag.

Klipp, klapp, klipp, klapp – mittlerweile klappert nicht nur eine Mühle am rauschenden Bach, sondern gleich mehrere. Das kühle Nass treibt die liebevoll gestalteten Miniaturwasserräder an und erweckt unzählige kleine Figuren der Märchen- und Sagenwelt zum Leben. Entlang des Bachlaufes schüttelt Frau Holle ihre Betten aus, man begegnet Schneewittchen mit den sieben Zwergen und Rotkäppchen genauso wie dem Sandmännchen und Pittiplatsch. Viele kleine Handwerker hämmern, sägen oder schmieden. Emsige Waschfrauen lassen sich bei ihrer Arbeit beobachten. Zwerge schuften in der Grube »Zwergengold« oder vergnügen sich auf dem Karussell. Seit Jahrzehnten erfreuen sich kleine und große Besucher an dem bunten Treiben im Wald. Dieses idyllische Fleckchen Erde wurde jedoch 2019 durch ein Unwetter mit Starkregen fast völlig zerstört, konnte aber dank vieler Spenden und freiwilliger Helfer rekonstruiert und wieder aufgebaut werden.

Vom Parkplatz in Wünschendorf geht es etwa 1,5 Kilometer zu Fuß längs einer stillgelegten Bahnlinie zum Märchenwald. Der Weg ist ausgeschildert und führt an den imposanten Steinbrüchen der Hüttchenberge vorbei. Eintritt wird nicht erhoben, zum Erhalt der Spiele kann man die Zwergenkasse mit einer Spende füttern: »Wir Zwerge werden dankbar sein, fällt uns das Geld zum Schornstein rein!«

Adresse 07570 Wünschendorf/Elster | **Anfahrt** A 9, Ausfahrt Lederhose, B 175 in Richtung Weida, hinter Weida rechts L 2330/ Weidaer Straße, Straßenverlauf folgen bis Parkplatz Märchenwald in Wünschendorf | **Öffnungszeiten** Ostern bis letztes Wochenende im Oktober | **Tipp** Wer Lust auf Geocaching hat, kann den idyllisch im Wald gelegenen Naturlehrpfad Waldmaus in Neumühle/Elster erkunden und den »Schatz der Waldmaus« suchen. Infos unter www.lehrpfad-waldmaus.de.

104_Der Bärenfang

Rums! Meister Petz gefangen.

Oberförster Otto haut mit der Faust auf den Tisch: »Du wirst den Granit nicht zum Ausbau deines Hauses benutzen!«

Unterförster Schöntag verschränkt ablehnend die Arme. »Ich habe bereits einen Antrag gestellt. Die Würfel sind gefallen.«

»Das werde ich nicht zulassen«, brüllt der Oberförster.

Etwas versöhnlicher sagt der Unterförster: »Mann, komm mal runter. Das Ding wird doch nicht mehr benutzt. Was hängst du denn so daran?«

Der Oberförster nimmt seinen Hut. »Es ist ein Altertümchen. So etwas muss erhalten werden.« An der Tür angekommen, dreht er sich noch einmal um. »Ich verspreche dir: Sollte es zu einer Versteigerung kommen, dann biete ich immer fünf Gulden mehr als du. Der Bärenfang bleibt!«

Zugegeben: Das Gespräch ist frei erfunden. Doch: Der Inhalt entspricht der Überlieferung. Dem Engagement des Oberförsters Otto für den Erhalt des Bärenfangs ist es zu verdanken, dass die Konstruktion als Jagddenkmal erhalten blieb. Die Falle steht auf dem Großen Waldstein bei Zell und ist weltweit die einzige noch erhaltene Vorrichtung dieser Art. 1656 wurde dort erstmals ein Bär gefangen, bis 1760 folgten 21 weitere. Die gefangenen Bären wurden in Tiergärten ausgestellt oder zur Bärenhatz verwendet. Letzteres war eine blutige Angelegenheit, bei der ein angeketteter Bär gezwungen wurde, gegen Hunde zu kämpfen.

Das Prinzip der Falle ist einfach: ein Hohlraum, groß genug für das Raubtier, umschlossen von Granitstein, links und rechts Öffnungen, über denen Falltüren schwebten. Diese wurden durch einen Mechanismus ausgelöst, sobald an der Beute im Inneren des Hohlraums gezogen wurde.

Wer nun denkt, nur dumme Tiere lassen sich so fangen, da die Mechanik doch offensichtlich ist, der fehlt weit. 1780 wurde die Falle einmalig reaktiviert, und tatsächlich schnappte sie zu. Doch der Fang entpuppte sich als zwei Kapuzinermönche, die sich bei einem Ausflug vor dem Regen schützen wollten.

Adresse Waldstein 1, 95239 Zell im Fichtelgebirge | **Anfahrt** A 9, Ausfahrt Gefrees, in Gefrees rechts Föhrigstraße, Straßenverlauf bis nach Zell im Fichtelgebirge folgen, rechts Münchberger Straße, weiter bis links Reinersreuther Straße, Straßenverlauf bis Ende folgen, dann rechts, weiter bis rechts Abzweigung zum Waldstein, Parkplatz direkt am Waldsteinhaus, von hier 5 Minuten zu Fuß | **Tipp** Vom Parkplatz aus sind es ebenfalls nur wenige Meter zum Teufelstisch, einer glockenförmigen Felsformation, auf dem einst der Teufel und ein Geisterbanner mit eisernen Karten gespielt haben sollen.

105 Das Fachwerkhaus

In Weckersdorf geht die Post ab

Wer bei der Erwähnung des Michel-Katalogs an den Lausbuben aus Lönneberga denkt, der liegt weit daneben. Denn beim besagten Druckerzeugnis handelt es sich um eine unter Philatelisten beliebte Übersicht von Briefmarken aus aller Welt. Abertausende davon finden sich gut sortiert und hinsichtlich ihres Sammlerwerts eingeschätzt auf den bunten Seiten.

Häufig sind Darstellungen von Gebäuden zu sehen. So laden unter anderem das Weiße Haus, der Kölner Dom und die Oper von Sydney zu einer mentalen Weltreise ein. Diejenigen, die sich darauf einlassen, werden bei der Briefmarke mit der Nummer 2625 dem Vogtland einen Besuch abstatten. Denn auf dieser Briefmarke ist das baukünstlerisch beeindruckende Diez'sche Haus aus Weckersdorf abgebildet. Die Marke wurde mit einer Auflage von 3,5 Millionen von der Deutschen Post der DDR ausgegeben und gehörte zu einer Briefmarkenserie, die Fachwerkhäuser aus der ganzen Republik würdigte.

Nun lastet Briefmarken gemeinhin das Attribut der Langeweile an, das Reisen dagegen erfreut sich allseitiger Beliebtheit. Daher den Blick vom Katalog gelöst und rein in die nächste »Postkutsche«.

In Weckersdorf angekommen, muss niemand lange suchen, um das Diez'sche Haus zu finden. Das Wohnstallhaus, das im Stil eines fränkischen Fachwerkhauses erbaut ist, fällt auf. Der Blick von der Straße zur respektablen Giebelfront ist unverbaut, das fast schwarze, reich gegliederte Balkenfachwerk kommt vor dem weißen Verputz besonders gut zur Geltung. Neben dem statisch notwendigen Gerüst wurden auch zahlreiche Schmuckmotive eingearbeitet. Derart aufwendig verziert, steht außer Frage, dass der Bauherr Ende des 18. Jahrhunderts für die Errichtung einige gut gefüllte Geldkatzen über den Tisch zu den Handwerkern schieben musste. Dagegen konnte sich die besagte Briefmarke jeder leisten. Sie kostete bei ihrer Ausgabe im Jahr 1981 lediglich 25 Pfennig.

Adresse Oberer Weg, 07937 Zeulenroda-Triebes | Anfahrt A 9, Ausfahrt Schleiz, Ausschilderung nach Schleiz folgen, in Schleiz B 94 bis Weckersdorf, links auf Oberer Weg, weiter, bis rechts das Diez'sche Haus zu sehen ist | Tipp Im Nachbarort Läwitz wird alljährlich in den Sommermonaten von der Pahren Agrar Kooperation das »Hanflabyrinth« eröffnet. Auf der Suche nach dem richtigen Weg informieren Schautafeln über den Hanfanbau.

106 Das Georg-Kresse-Denkmal

Der philanthropische Bauerngeneral

Ein hohes Alter war ihm nicht vergönnt, dem »Robin Hood« des Thüringer Vogtlandes. Der im Jahr 1604 in Dörtendorf geborene Georg Kresse wurde gerade einmal 37 Jahre alt. Allerdings reichte diese kurze Lebensspanne aus, um zur Legende zu werden.

Dabei fing alles ganz gewöhnlich an. Kresse wuchs in einem durch Ackerbau geprägten Umfeld auf. Da Anfang des 17. Jahrhunderts die Bauern durch Fron und hohe Abgaben beansprucht waren, dürften seine Verhältnisse eher ärmlich gewesen sein. Trotzdem reichte in friedlichen Zeiten das karge Auskommen meist aus, um über die Runden zu kommen. Mit dem Beginn des Dreißigjährigen Krieges im Jahr 1618 veränderte sich jedoch das Leben in Europa dramatisch. Was mit dem Prager Fenstersturz begann, entwickelte sich zu einer brutalen Auseinandersetzung zwischen Protestanten und Katholiken. Niemand war mehr vor plündernden, folternden und mordenden Soldaten sicher.

Auch Georg Kresse blieb nicht verschont. Doch anders als bei so vielen anderen Leidensgenossen, verfiel er nach seinen Schicksalsschlägen nicht in lähmendes Selbstmitleid. Nachdem er Haus, Hof und Familie verloren hatte, entschied er sich für den aktiven Widerstand. Er scharte Gleichgesinnte um sich und begann, die Bevölkerung vor marodierenden Truppen zu beschützen. Kam er zu spät, um ein Unglück abzuwehren, dann hetzte er den Tätern hinterher, um ihnen die Beute abspenstig zu machen. Er wurde zum Rächer der Leidgeprüften, stand für die Menschlichkeit in einer Zeit ein, in der die Sitten verrohten und ein Leben weniger wert war als ein Kanten verschimmeltes Brot.

Was jedoch für die einen ein Held ist, ist für andere ein Rebell. So dürfte es nicht verwunderlich sein, dass Georg Kresse von der kriegsführenden Obrigkeit zum Staatsfeind Nummer eins erklärt wurde. Am 1. November 1641 wurde Georg Kresse in einem Aumaer Gasthof von Hatzfeldischen Reitern gestellt und erschossen.

Adresse 07950 Zeulenroda-Triebes | Anfahrt A 9, Ausfahrt Lederhose, B 175 in Richtung Weida, links Neustädter Straße, rechts Groschwitzer Weg, Straßenverlauf folgen bis rechts L 2331, weiter bis kurz vor Staitz, dann links L 2332, Straße folgen bis Dörtendorf | Tipp Eine Besonderheit gilt es bei der nahe gelegenen Weidatalsperre zu erkunden. Gleich zwei Talsperren stauen hier den Fluss an. Der Aussichtspunkt »Grobisch – Schöner Blick« gewährt eine gute Aussicht.

107 Der Karpfenpfeiferbrunnen

Im See und im Priel: Der Karpfen wühlt meist viel

Auf dem Marktplatz in Zeulenroda fällt das prachtvolle Rathaus sofort ins Auge. 1828 nach den Plänen des Strumpffabrikanten Christian Heinrich Schopper fertiggestellt, wirkt das prunkvolle Gebäude riesig. Aber damit noch nicht genug des Protzes. Schopper setzte dem Ganzen noch eine Krone in Form der griechischen Göttin der Gerechtigkeit auf, die auf dem Gebäudeturm thront und alles überragt. Die vergoldete Themis ist 3,30 Meter hoch und trägt in den Händen ein Schwert und eine Waage.

Dagegen wirkt die vor sich hinpfeifende Figur im Schatten des Rathauses auf der anderen Straßenseite unscheinbar. Umringt wird der Bronzekerl dabei von vier wasserspeienden Karpfen. Bietet das Männchen den Fischen eine musikalische Darbietung? Oder erhofft es sich, neugierige Karpfen anzulocken, um sie dann rasch zupackend aus dem Wasser in die Pfanne zu befördern? Was inspirierte den Künstler Karl-Heinz Appelt dazu, 1969 den bronzenen Pfeifer aufzustellen und im Jahr 2010 die vier Karpfen zu ergänzen?

Eine alte Legende gibt Aufschluss. Demnach mussten einst einige Zeulenrodaer dem Greizer Fürsten helfen, den schlammigen Schlossteich auszufischen. Der bedankte sich dafür bei den Helfern mit einem Fischessen. Doch verwöhnt von den klaren heimischen Gewässern, verschmähten die Zeulenrodaer die nach Modder schmeckenden Schlosskarpfen. Da nun damals internetgestützte Bewertungsportale noch nicht zur Verfügung standen, entschied sich ein Gast, seine Beurteilung – eigentlich hochanständig – direkt vor Ort zu äußern: »Wir pfeifen auf Ihre Karpfen!«, rief er wütend aus. Seitdem werden die Zeulenrodaer auch als »Karpfenpfeifer« bezeichnet. Und manch einer ist insgeheim froh, dass sein Urahn sich bei dem Ausbruch nicht für einen anderen Kraftausdruck entschieden hat. Denn eine Brunnenfigur mit heruntergelassener Hose muss dann doch nicht sein.

Adresse Markt 4, 07937 Zeulenroda-Triebes | Anfahrt A 9, Ausfahrt Triptis, B 281 bis Mittelpölnitz, rechts auf L 3002, Straßenverlauf folgen bis hinter Auma-Weidatal, links auf L 1087 und Ausschilderung bis Zeulenroda folgen, im Ort in Richtung Stadtzentrum/Rathaus | Tipp Am Waldstadion schließt sich das Wildgehege Rabensleite an. Es ist die Heimat von zahlreichen Tieren, unter anderem von Kängurus, Waschbären und Emus.

108 Die Schöne Höhe

Auf 170 Stufen in schwindelerregende Höhe

Die »Schöne Höhe« bei Zeulenroda-Triebes ist mit 490 Metern die höchste Erhebung in der Region. Der reizvolle Fernblick hat bereits 1790 Fürst Heinrich XLII. Reuß jüngere Linie Schleiz zum Bau eines »Lusthauses«, einem achteckigen Pavillon, den acht Linden einrahmten, animiert. Hier entspannte der Adlige, schrieb an seinem Buch und genoss die Ruhe zum Meditieren. Mit dieser Ruhe war es vorbei, als Mitte der 20er Jahre des letzten Jahrhunderts auf dem Berg ein Ausflugslokal inklusive eines hölzernen Aussichtsturms errichtet wurde. Sich aufdrängend nannte der Gastwirt seine Gastronomie »Zur Fernsicht«.

Nach dem Zweiten Weltkrieg wurde es kapriziös. Der Pavillon brannte ab, der Aussichtsturm wurde von einem Orkan wie ein Streichholz geknickt, ein neuer aus Stahl errichtet, dieser wiederum im Jahr 2000 abgerissen. Danach kehrte wieder die Ruhe auf der Schönen Höhe ein, die der reußische Heinrich einst so sehr genoss.

Zwei Jahrzehnte lang blieb es so. Dann, im Oktober 2020, verschreckte ein gelber Bagger das äsende Wild. Die Schaufel grub sich ins Erdreich, ein Fundament sollte entstehen, die Grundlage für ein ehrgeiziges Projekt: ein neuer Aussichtsturm!

Die Arbeiten gingen gut voran, und schon am 4.9.2021 konnte das weithin sichtbare Bauwerk eingeweiht werden. Elegant schraubt sich seitdem ein stabiles Stahlgerüst über 30 Meter in die luftige Höhe. Das Panorama von den vier Plattformen ist hinreißend. Bei guter Sicht kann sogar das Völkerschlachtdenkmal in Leipzig ausgemacht werden.

Sobald Besuchende sich am Blick ins Erzgebirge und in die vogtländische Hügellandschaft ausgiebig ergötzt haben, sollten sie ihr Augenmerk noch auf die Stufen des Turms richten. Dort sind Namensschilder zu sehen. Für jede der Treppenstufen konnte der »Förderverein Schöne Höhe e.V.« Sponsoren mobilisieren, denen man mittels der Plaketten an »ihren« finanzierten Stufen dankt.

Adresse Heidestraße, 07937 Zeulenroda-Triebes-Langenwolschendorf | Anfahrt A 9, Ausfahrt Schleiz, Ausschilderung nach Schleiz folgen, in Schleiz B 94 bis Langenwolschendorf, links auf Heidestraße, Straßenverlauf bis zum Aussichtsturm folgen | Tipp In der Leitlitzer Straße findet sich der Fledermauspark, der durch einen »Höhlengang« betreten wird. Klettergerüste laden Kinder zum Spielen ein, Schautafeln informieren über die nachtaktiven Tiere, und von Ästen hängen einige Exponate herab.

109 Die Bootsfahrt

Mast- und Schotbruch

Es dürfte außer Zweifel stehen, dass Ziegenrück zu den schönsten Orten des Vogtlandes gehört. Inmitten einer malerischen Landschaft breitet sich eine idyllische Szenerie aus: Sanft geschwungene Hügel erstrecken sich weit und breit, bedeckt vom üppigen Grün des Thüringer Waldes. Eine Burg thront auf einer der Anhöhen. Die Häuser drängen sich im tief eingeschnittenen Tal aneinander, die Saale fließt gemächlich dahin.

Die erste Ansiedlung entstand hier bereits im 11. Jahrhundert, urkundlich erwähnt wurde Ziegenrück erstmals 1258, und bereits 70 Jahre später erhielt der Flecken die Stadtrechte. Das Stadtwappen, das eine schwarze Ziege zeigt, über deren Rücken ein rotes Gebäude schwebt, erscheint auf den ersten Blick stimmig. Bei näherer Betrachtung des Ursprungs der Benennung von Ziegenrück wird allerdings klar, dass es nicht so ist, wie es scheint. Denn der Ortsname geht auf die sorbische Bezeichnung »Czegenruck« zurück, was nichts mit einem Tier zu schaffen hat. Es bedeutet »Flussbogen«. Aber zugegeben: Eine Ziege macht als Abbildung mehr Staat als ein eher reizloser blauer Strich, der einen Fluss symbolisieren soll. Die Entscheidung der Vorfahren ist somit entschuldbar, und marketingtechnisch haben sie damit klar auf das richtige Pferd – beziehungsweise die richtige Ziege – gesetzt.

Wer nun den Wunsch verspürt, Ziegenrück zu erkunden, kann sich die Schuhe schnüren und durch die Straßen schlendern oder in die Pedale treten. Und hierbei ist ausnahmsweise nicht das Fahrrad gemeint, sondern ein Tretboot. Zentral gelegen am Fuße der Altstadt, dort, wo der Drebabach in die Saale mündet, befindet sich ein Bootsverleih. Von hier aus startet die Tour auf dem Fluss, die eine einzigartige Ansicht der Stadtkulisse bietet.

Und keine Sorge: Die Saale fließt an dieser Stelle derart behäbig, dass ein Antreten gegen die Strömung niemandem am nächsten Tag Muskelkater beschert.

Adresse 07924 Ziegenrück | **Anfahrt** A 9, Ausfahrt Dittersdorf, L 1077 in Richtung Dittersdorf, Kreisverkehr erste Ausfahrt Ortsstraße, Straßenverlauf folgen bis hinter Knau, dann links L 2350, dieser folgen bis Ziegenrück | **Öffnungszeiten** Mai–Okt. Mo–Do 12–17 Uhr, Sa und So 12–18 Uhr (Änderungen möglich) | **Tipp** Von der rund 3,5 Kilometer entfernten Teufelskanzel bietet sich ein atemberaubendes Panorama auf die Saaleschleife.

110 Das August-Horch-Museum

Römm, tömm, tömm, schallt es aus dem Lautsprecher

Wer einen »Trabi« fahren möchte, hat mehrere Optionen. So ist es zum Beispiel mühelos möglich, ein Fahrzeug zu mieten, wie eine Internetsuche offenbart. Da von 1957 bis 1991 über drei Millionen Fahrzeuge des Typs Trabant vom Band liefen und er durch seine rostfreie Karosserie aus Duroplast, einem Verbundwerkstoff aus Baumwollfasern und Kunstharz, langlebig konstruiert wurde, ist der Knirps im Straßenverkehr noch häufig anzutreffen. Ein Kauf wäre eine weitere Möglichkeit. Allerdings werden nicht selten fünfstellige Summen für gut erhaltene »Duroplast-Bomber« aufgerufen.

Wer sich nun aber weder für die Miete noch für den Kauf einer »Rennpappe« begeistern kann, dem steht als Alternative noch das August-Horch-Museum zur Verfügung.

In der ehemaligen Produktionsstätte von Audi werden auf 6.500 Quadratmetern Hunderte Exponate ausgestellt. Die automobile Geschichtsreise beginnt in den 20er Jahren des letzten Jahrhunderts, beleuchtet die Fahrzeugentwicklung in der DDR und reicht bis in die Neuzeit. Viele der Fahrzeuge werden in Dioramen ausgestellt. Ganze Straßenzüge wurden gestaltet, durch die die Oldtimer »cruisen«, und Wissenswertes über die Silberpfeile erfahren diejenigen, die auf der Renntribüne der Start-Ziel-Geraden gegenüber der Boxengasse Platz nehmen. Dass dagegen ein Trabant kein Rennwagen ist, davon kann sich jeder – wie oben bereits angedeutet – selbst überzeugen. Einfach im Fahrsimulator hinter das Lenkrad des grünen »Sachsenporsches« klemmen, und ab geht es kreuz und quer durch eine Plattenbausiedlung. Hierbei schlüpft man in die Rolle eines DDR-Bürgers, der für einen Werkstatttermin noch Ersatzteile beschaffen muss. Um diese zu bekommen, muss geschaltet, gebremst und Gas gegeben werden. Doch Obacht! Die Verkehrsregeln sind einzuhalten. Ansonsten tritt die Volkspolizei auf und verteilt Knöllchen.

Adresse Audistraße 7, 08058 Zwickau | **Anfahrt** A 4, Ausfahrt Meerane, B 93 in Richtung Zwickau, rechts Thurmer Straße, Straßenverlauf folgen bis links Horchstraße, links Trabantstraße, rechts Audistraße, Parken vor dem Museum | **Öffnungszeiten** Di–So 9.30–17 Uhr, Mo geschlossen außer an Feiertagen | **Tipp** Weitere historische Fahrzeuge gibt es im Oldtimermuseum Culitzsch zu bestaunen. Highlight sind eine Minol-Tankstelle und die feuerwehrtechnische Ausstellung (www.htc-ev.de / museum.html).

111 Die Versöhnungskirche

Der erste Kirchenneubau nach der Wiedervereinigung

Die einen vergleichen die am 1. Dezember 1991 eingeweihte Versöhnungskirche im Zwickauer Stadtteil Neuplanitz mit einer gepanzerten Schildkröte, die ihren Kopf in Richtung Himmel streckt. Andere erkennen in dem Gebäude einen Drachen mit mächtigen Zacken auf dem Rücken. Aber gleichgültig, welche gedanklichen Gäule einem beim Anblick des Bauwerkes durchgehen: Der Stil der Kirche ist sehenswert.

Der Baumeister Andreas Weise plante das Bauwerk in Anlehnung an die sogenannte »Organische Architektur«. Gemäß dieser Theorie sollen die Gebäude so errichtet werden, dass sie sich nahtlos in ihre natürliche Umgebung einfügen und mit ihr interagieren. Anstatt starre geometrische Formen zu verwenden, orientiert sich die »Organische Architektur« an der Natur. Fließende Linien, geschwungene Formen und natürliche Materialien sind ebenso eine Zielsetzung wie auch eine harmonische Verbindung zwischen Mensch und Gebäude.

Dieser Programmatik blieb Andreas Weise auch im Inneren der Kirche treu. Naturbelassenes Eschen- und Kiefernholz schafft eine warme Atmosphäre im Kirchenraum, dessen Holzleimbinderkonstruktion an einen gekenterten Schiffsrumpf erinnert. Die Dreiecksgauben sorgen für eine natürliche Belichtung des Altarbereiches, der gemäß der kirchlichen Tradition im östlichen Teil des Gebäudes steht.

Obwohl die Versöhnungskirche in Neuplanitz nach der Wiedervereinigung eingeweiht wurde, stammt die Finanzierung noch aus einem Kirchenbauprogramm der DDR. Im Grundsatz zielten diese Programme darauf ab, den Bedarf an Kirchenbauten zu decken und das kirchliche Leben in der sozialistischen Gesellschaft zu unterstützen. Hätten die Staatsoberen dabei geahnt, dass gerade die Gemeinden der Versöhnungskirchen im ganzen Land eine tragende Rolle bei dem friedlichen Widerstand im Jahr 1989 innehatten, hätten sie vermutlich den Staatssäckel niemals für ein derartiges Bestreben geöffnet.

Adresse Erich-Mühsam-Straße 48, 08062 Zwickau-Neuplanitz | Anfahrt A 4, Ausfahrt Meerane, B 93 in Richtung Zwickau, rechts B 175, rechts B 173, links Neuplanitzer Straße, links Erich-Mühsam-Straße | Öffnungszeiten siehe Website der Gemeinde: www.versoehnungskirchgemeinde.de/home/neuplanitz | Tipp Der Planitzer Schlosspark ist ein Denkmal der Gartenkunst. Das 1789 im Rokokostil erbaute Teehaus ist ein architektonisches Kleinod in der Grünanlage.

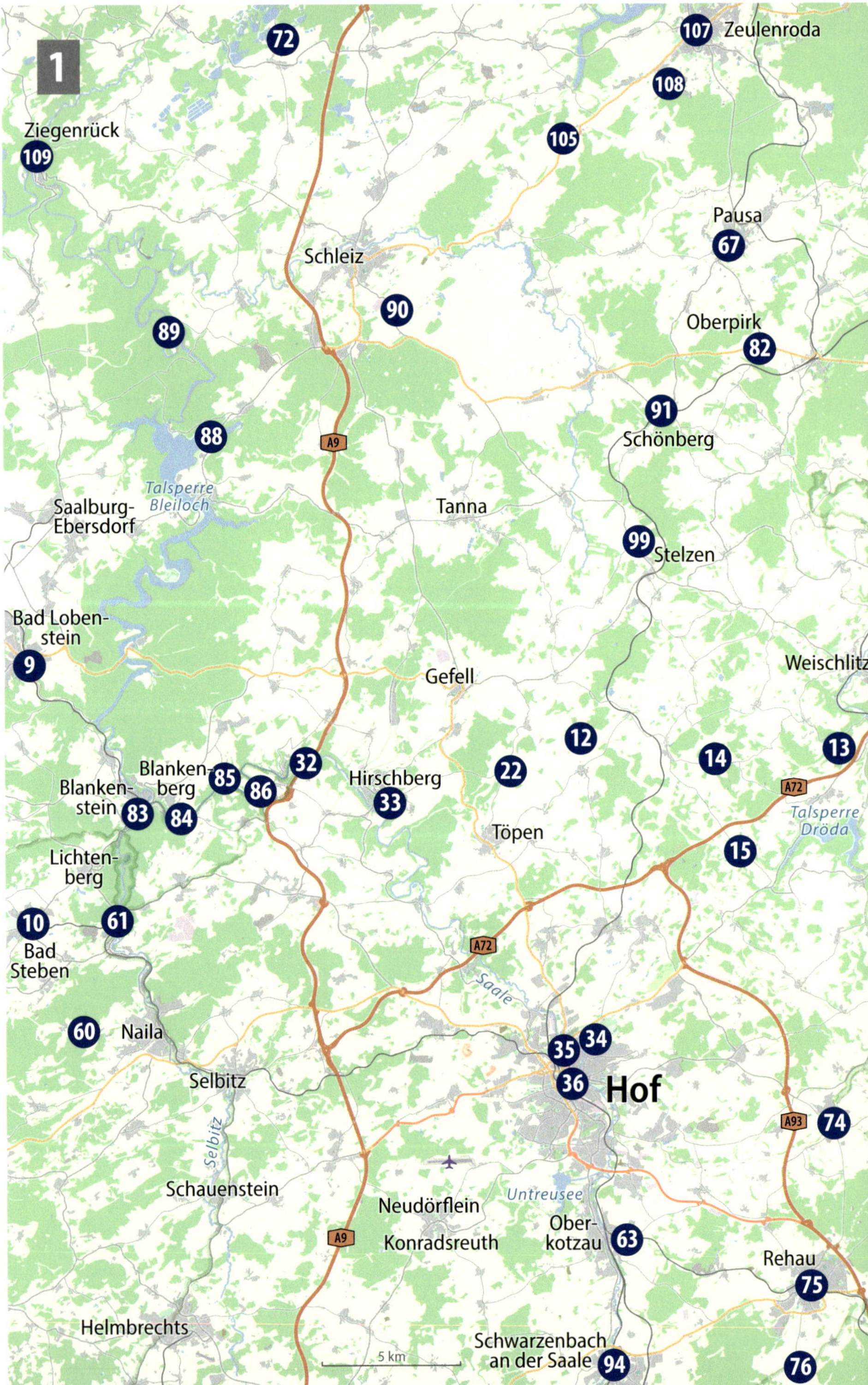

1
Zeulenroda
Ziegenrück
Pausa
Schleiz
Oberpirk
Schönberg
A9
Talsperre Bleiloch
Saalburg-Ebersdorf
Tanna
Stelzen
Bad Lobenstein
Weischlitz
Gefell
Blankenberg
Blankenstein
Hirschberg
A72
Talsperre Dröda
Töpen
Lichtenberg
Bad Steben
Saale
Naila
Selbitz
Hof
A93
Untreusee
Schauenstein
Neudörflein
Konradsreuth
Oberkotzau
Rehau
Helmbrechts
Schwarzenbach an der Saale
5 km
72
107
108
105
109
67
90
89
82
91
88
99
9
12
14
13
32
85
86
22
33
83
84
15
10
61
60
35
34
36
74
63
75
94
76

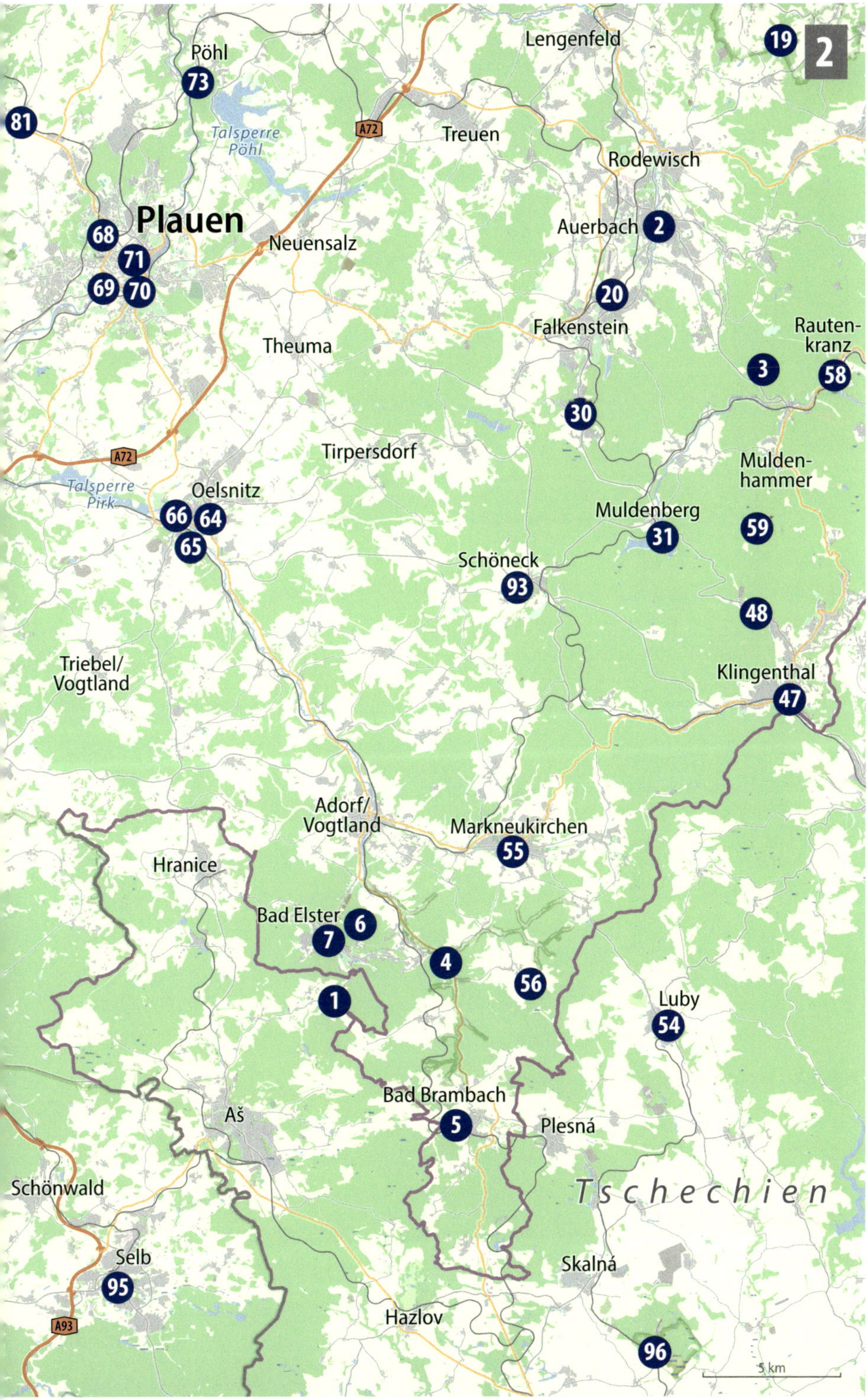

2
19
Lengenfeld
Pöhl
73
81
Talsperre Pöhl
A72
Treuen
Rodewisch
Plauen
68
71
69
70
Neuensalz
Auerbach
2
20
Falkenstein
Theuma
Rauten-kranz
3
58
30
Tirpersdorf
Mulden-hammer
A72
Talsperre Pirk
Oelsnitz
66
64
65
Muldenberg
31
59
Schöneck
93
48
Triebel/ Vogtland
Klingenthal
47
Adorf/ Vogtland
Markneukirchen
55
Hranice
Bad Elster
6
7
4
56
1
Luby
54
Bad Brambach
5
Aš
Plesná
Schönwald
Tschechien
Selb
95
Skalná
A93
Hazlov
96
5 km

3
Eibenstock
Sosa
Breiten-
brunn
Ritters-
grün
Morgen-
röthe
57
Carsfeld
Johann-
georgenstadt
Abertamy
Tschechien
Kraslice
Nejdek
49
Rotava
87
Ostrov
Nová Role
Karlovy Vary
Chodov
41
40
42
39
43
Lomnice
D6
Sokolov
Habartov
Jezero
Medard
97
98
53
Pila
Březová
Horní Slavkov
50
D6
Kynšperk nad
Ohří
Tschechien
Bečov nad
Teplou
5 km

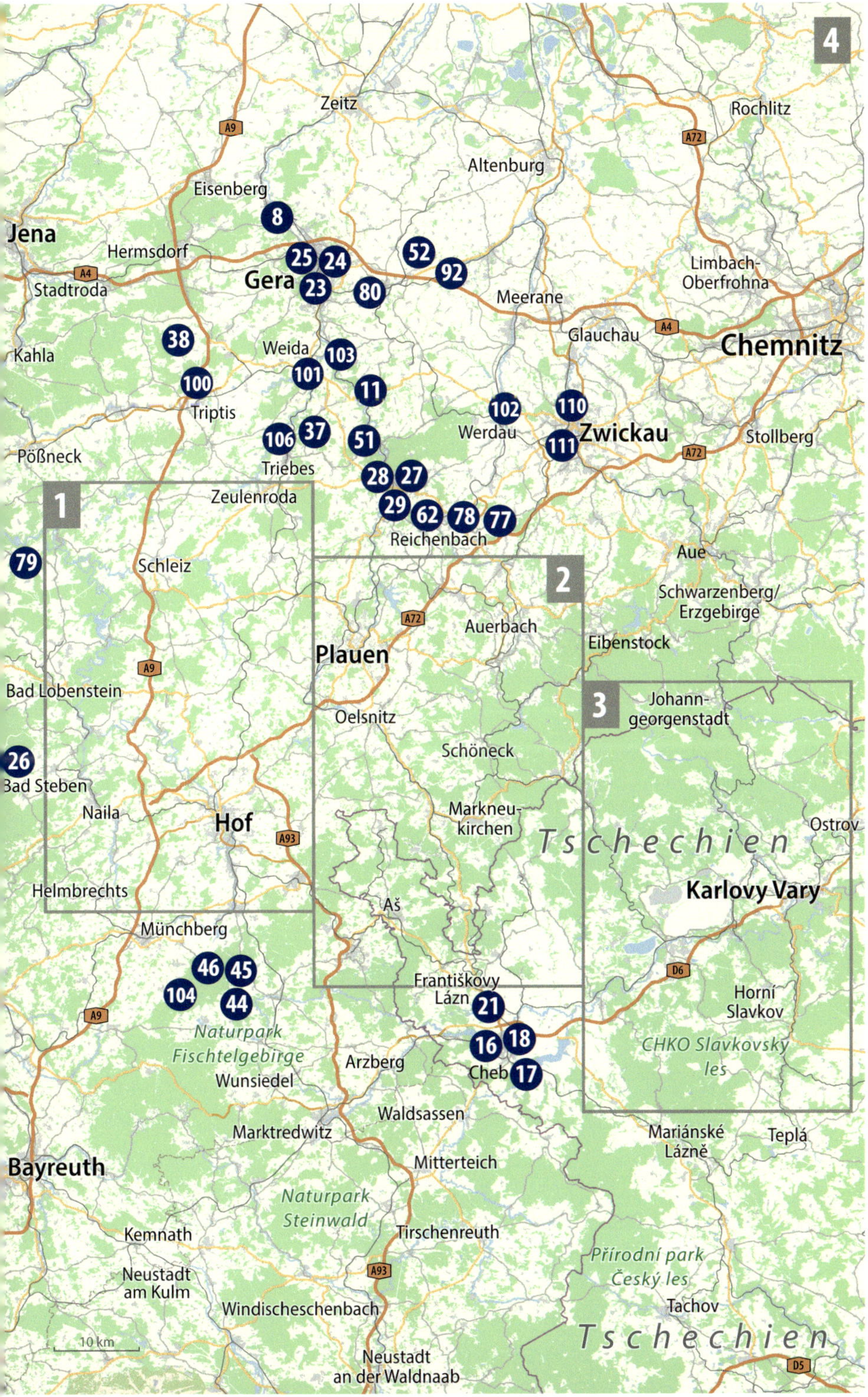
4
Zeitz
A9
Rochlitz
A72
Altenburg
Eisenberg
8
Jena
Hermsdorf
25
24
52
92
Limbach-
Oberfrohna
A4
Stadtroda
Gera
23
80
Meerane
Glauchau
A4
Chemnitz
38
Kahla
Weida
103
101
100
11
Triptis
102
110
Werdau
Zwickau
106
37
51
111
A72
Stollberg
Pößneck
Triebes
28
27
1
Zeulenroda
29
62
78
77
Reichenbach
79
Schleiz
Aue
2
Schwarzenberg/
Erzgebirge
A72
Auerbach
Eibenstock
A9
Plauen
Bad Lobenstein
3
Johann-
georgenstadt
Oelsnitz
Schöneck
26
Bad Steben
Naila
Markneu-
kirchen
Hof
A93
Tschechien
Ostrov
Helmbrechts
Karlovy Vary
Aš
Münchberg
46
45
104
44
Františkovy
Lázn
21
D6
Horní
Slavkov
A9
Naturpark
Fichtelgebirge
16
18
CHKO Slavkovský
les
Arzberg
Cheb
17
Wunsiedel
Waldsassen
Marktredwitz
Mariánské
Lázně
Teplá
Bayreuth
Mitterteich
Naturpark
Steinwald
Kemnath
Tirschenreuth
Přírodní park
Český les
Neustadt
am Kulm
A93
Windischeschenbach
Tachov
10 km
Tschechien
Neustadt
an der Waldnaab
D5

GPS-Koordinaten

Um das Aufsuchen unserer vorgestellten Locations zu erleichtern, sind Geodaten zweifellos dienlich. Neben den Adressen und den Anfahrten haben wir uns daher dazu entschieden, Ihnen für alle Orte diese Information in alphabetischer Reihenfolge an die Hand zu geben.
Wir wünschen Ihnen viel Freude beim Entdecken des wunderschönen Vogtlandes!

1.000-jährige Eiche 50.87361°, 12.28153°
12 Apostel 50.36957°, 11.59032°
Alfred-Roßner-Stele 50.48734°, 12.37895°
Aufsteigender 50.50488°, 12.12841°
August-Horch-Museum 50.73202°, 12.48338°
Autobahnbrücke 50.41686°, 11.78453°
Autobahnraststätte 50.75900°, 11.87255°
»Avenidas«-Gedicht 50.24852°, 12.03517°
Ballonflucht 50.33131°, 11.67123°
Bärenfang 50.12963°, 11.84969°
Bauhaus in Gera 50.87855°, 12.08090°
Bilderbogen 50.55569°, 12.17180°
Bootsfahrt 50.61020°, 11.65005°
Brauerei in Kynšperk 50.12376°, 12.53138°
Brehms Welt 50.80562°, 11.84718°
Bürgerpark 50.32736°, 11.92051°
DDR-Wohnung 50.50825°, 12.40219°
»Dienesn Heisla« 50.29986° , 12.04630°
Diez'sches Fachwerkhaus 50.61613°, 11.91330°
Dorfanger 50.69687°, 12.15198°
Drachenhöhle 50.54210°, 12.08308°
Drachenzimmer 50.55372°, 11.71588°
Drehkreuz des Wanderns 50.40013°, 11.69985°
Drei-Freistaaten-Stein 50.42435°, 11.92000°
Eingewachsenes Ackergerät 50.85891°, 12.15455°
Eisautomat 50.12139°, 11.93573°
Eisenhütte 50.31688°, 12.60007°
Erdäpfelkuchen 50.41244°, 12.17341°
Erdmittelpunkt 50.58083°, 11.99577°
Erika-Fuchs-Haus 50.22234°, 11.93482°
Fäßleseecher 50.44758°, 11.64007°
Fernweh-Park 50.26332°, 11.94263°
Filmkulisse 50.18587°, 12.75386°
Flussperlmuschel 50.27310°, 12.29366°
Gasthaus Kremlink 50.18024°, 12.63863°
Geigenbauer-Denkmal 50.25424°, 12.40563°
Georg-Kresse-Denkmal 50.70323°, 12.01703°
Geysir 50.42129°, 12.04952°
Göltzschtalbrücke 50.62324°, 12.24824°
Granitlabyrinth 50.14314°, 11.93077°
Hängesteg 50.40406°, 11.82361°
Haus der Bergleute 50.18087°, 12.64516°
Heinrich-Schütz-Haus 50.93028°, 12.01109°
Hermann-Vogel-Haus 50.41888°, 11.98819°
Historischer Hochofen 50.44066°, 12.51386°
Hofkäserei 50.71173°, 12.05832°
Jahrhundertquelle 50.26044°, 12.23952°
Japanischer Garten 50.21670°, 12.89078°
Jugendstilarchitektur 50.65634°, 12.20139°

Karpfenpfeiferbrunnen 50.64888°, 11.97954°
Kartoffeldenkmal 50.22239°, 12.02856°
Kaufhaus Tietz 50.87844°, 12.08469°
Kleinste Talsperre 50.54848°, 12.01071°
Kreuzkapelle / Toilettenhäuschen
- Kreuzkapelle 50.28433°, 12.24980°
- Toilettenhäuschen 50.28426°, 12.24808°
Kunstlöwen 50.36648°, 11.64416°
KunstWandelhalle 50.28077°, 12.23969°
Luisentisch 50.14413°, 11.91634°
Malzhaus 50.49272°, 12.13470°
Märchenwald 50.78424°, 12.10646°
Massi-Park 50.73527°, 12.37808°
Meinel-Biergarten 50.32520°, 11.91824°
Mig-21 50.46120°, 12.49154°
Mödlareuth 50.41509°, 11.88150°
Monumentalbild 50.89238°, 12.24338°
Moosmann 50.44949°, 12.36223°
Mozartpark 50.22785°, 12.88126°
Muldenbergtalsperre 50.41184°, 12.40094°
Musikinstrumenten-Museum 50.30962°, 12.32878°
Oberes Schloss Greiz 50.65848°, 12.19682°
Otto-Dix-Haus 50.88227°, 12.06413°
Pachelbelhaus 50.08001°, 12.36989°
Papierfabrik 50.40000°, 11.71863°
Persiluhr 50.41478°, 12.16822°
Pfahlhaus 50.64761°, 11.77209°
Porzellangässchen 50.17023°, 12.13159°
Rennstrecke 50.56079°, 11.82670°
Rollbockbahn 50.61780°, 12.36268°
Rothauer Orgel / Rotavské varhany 50.30283°, 12.57370°
Rundkirche 50.35791°, 12.46758°
Santa-Clara-Kapelle 50.38831°, 11.99881°
Schöne Höhe 50.63271°, 11.96538°
Schwedenfichte 50.56513°, 12.46504°
Skywalk 50.41104°, 11.74246°
Sooser Hexenkessel 50.15004°, 12.39950°
Sperkenbrunnen 50.41542°, 12.17212°
St. Peter und Paul 50.22454°, 12.87471°
Standseilbahn Theaterplatz 50.22170°, 12.88285°
Steinerne Rose 50.52086°, 11.73471°
Steinerne Schnecke 50.41318°, 12.45121°
Stelzenbaum 50.48762°, 11.95075°
Teststrecke 50.62299°, 12.30681°
»Teuflisches Dorf« 50.36640°, 11.68786°
Überflutete Brücke 50.04752°, 12.40857°
Vater-und-Sohn-Ampel 50.49378°, 12.13965°
Versöhnungskirche 50.69673°, 12.46810°
Versteckte Kuppel 50.65535°, 12.19973°
Vogtlandsee 50.46687°, 12.45801°
Wärschtlamo 50.31642°, 11.91504°
Weihnachtshaus 50.21174°, 12.82518°
Weißer Schutzengel 50.75336°, 12.15717°
Wendedenkmal 50.49624°, 12.13517°
Wettersäule 50.11744°, 12.35206°
Wettinquelle 50.22170°, 12.29943°
Widenkirche 50.77100°, 12.06131°
Wieli-Bahn 50.38514°, 12.44940°
Wisentatalbahn (»Ferkeltaxi«) 50.52854°, 11.96110°

Wüstung Saalbach 50.40744°, 11.76101°
Zeitpforte 50.07801°, 12.37135°
Ziemestalbrücke 50.57583°, 11.61256°
Zigarrenmuseum 50.39417°, 12.33147°
Zitronenpresse 50.26655°, 12.33725°

Danksagung

Wir möchten uns bei all den Menschen bedanken, die uns auf unserem literarischen Ausflug ins Vogtland begleitet und unterstützt haben. Wir hoffen, dabei niemanden zu vergessen.

Zuerst bedanken wir uns bei allen Mitarbeiterinnen und Mitarbeitern des Emons Verlages für das Vertrauen, das ihr uns stets entgegenbringt. Ihr habt immer ein offenes Ohr, und eurer Unterstützung können wir uns sicher sein.

Für die Vermittlung unseres Projektes bedanken wir uns herzlich bei unserem Agenten Lars Schultze-Kossack.

Unserer Lektorin Katharina Theml danken wir für ihr Engagement und die angenehme Zusammenarbeit.

Viele andere haben ebenfalls dazu beigetragen, dass aus unserer Idee ein fertiges Buch wurde. Eure Gastfreundschaft haben wir genossen, eure Empfehlungen gern aufgegriffen, und über eure unkomplizierten Erteilungen von Abdruckrechten haben wir uns sehr gefreut. Wir bedanken uns dafür bei:
Alexander Ziron (Sparkasse Vogtland Arena), Hagen Hartwig (Pressesprecher Stadtverwaltung Auerbach), Annett Lang (August-Horch-Museum), Angelika Thiem (Zigarren- und Heimatmuseum Schöneck), Jacqueline Bräunlich (Stadt Greiz – Tourist-Information), Rainer Koch (Museen der Schloss- und Residenzstadt Greiz), Katrin Vogt (Museen der Schloss- und Residenzstadt Greiz), Sabine Schemmrich (Museum Schloss Burgk), Jürgen Schnabel (1. Bürgermeister Gemeinde Regnitzlosau), Claus-Dieter Schiller (Dienesn Heisla e.V.) nebst Besitzerinnen des Hauses, Kim Grote (Musikinstrumenten-Museum – Museum Markneukirchen), Toni Meinel (Hauptamtlicher Bürgermeister Stadt Markneukirchen), Carola Schlegel (Stadtverwaltung Markneukirchen), Familie Száko (Ferienwohnung EVerLuck, Loket), Familie Ernst (Ferienwohnung Familie Ernst, Langenwetzendorf), Familie Rank (Gästehaus Frankenwaldhof, Bad Steben), Familie König (Wohlfühl-Ferienwohnung König, Bad Elster), Familie Gebhardt (Ehem. Sächsisch-Bayrischer Hof, Pöhl-Herlasgrün), Familie Ludwig (Villa Ludwig, Plauen)

Fotonachweis

Alle Fotos Susanne und Rudolf Jagusch, außer:
DDR-Wohnung, Fotos von Hagen Hartwig, mit freundlicher Genehmigung der Stadtverwaltung Auerbach / Vogtl.

Für die freundlicherweise erteilten Abdruckgenehmigungen unserer Fotos danken wir:
August-Horch-Museum: Annett Lang
Dienesn-Heisla: Claus-Dieter Schiller im Auftrag der Besitzerinnen
Drachenzimmer: Sabine Schemmrich, Museum Schloss Burgk
Musikinstrumenten-Museum: Kim Grote, Toni Meinel
Oberes Schloss: Rainer Koch
WieLi-Bahn: Alexander Ziron, Sparkasse Vogtland Arena
Zigarrenmuseum: Angelika Thiem

Susanne Jagusch, 1967 geboren, arbeitet als freie Autorin in der Nähe von Köln.
www.susannejagusch.de

Rudolf Jagusch, 1967 geboren, arbeitet als freier Schriftsteller in der Nähe von Köln.
www.rudijagusch.com